公共圖書館
事業與利用

黃國正　著

蘇 序

樂在工作

　　黃國正先生畢業於輔仁大學圖書資訊學系及淡江大學教育資料科學研究所，歷任國立中正文化中心表演藝術圖書館、立法院法律資訊中心，現職國立中央圖書館台灣分館編輯，是圖書館科班出身的圖書館新生代，也是致力台灣圖書館事業發展的新星。初識國正兄，是在接掌國立中央圖書館台灣分館館長之後。其待人溫文儒雅，處事甚為得體，工作態度及對讀者服務的熱誠更讓人印象深刻。

　　圖書館承載著人類歷史、文化，並負有創造文明的責任，所以圖書館可說是人類社會進步的表徵；而公共圖書館面對社會開放，更負有社會教育的功能，所以公共圖書館必需與時俱進，可說是一個隨著時代進步的社會教育機構。國立中央圖書館台灣分館設於一九一五年，迄今已有九十三年的歷史，從日治時期就以蒐集、典藏臺灣文獻著名國際，是國內外從事台灣研究的學者必要造訪的公共圖書館之一，所以央圖台灣分館在過去的歷史發展中，不但提供學者從事臺灣史研究的場域及文獻，也不斷推動各項教學活動，恰如其份的扮演公共圖書館的角色。

　　在新的世紀，個人能與國正兄及所有圖書館同仁在這所台灣最具獨特性的圖書館服務，可說是三生有幸。國正兄在繁忙的公務之餘，更追求專業上的成長與突破。歷年來更思索如何結合本館的歷

史、特色及發展，將所學所思所行化作文字，並在國內著名期刊上發表。其中有關公共圖書館及台灣研究的大作無數，對學界、圖書館界及本館館務發展著有貢獻。近期國正兄有意將散見在各期刊的篇章集結成冊，供有志於圖書館事業的學子及圖書館實務界同仁閱讀，而本人能就近先行拜讀，欣喜本書各篇論述均有其特色，如能發行必然受到各界的歡迎，特別樂於推薦，並為序。

教育部中教司司長

蘇德祥

薛　序

公共圖書館在歐美等國號稱為「民眾的大學」，其功能係提供民眾免費、平等、自由的取閱圖書資料。一個國家是否已進入已開發的國家，端視該國公共圖書館是否已發展到一定的程度。因此，公共圖書館與一般民眾息息相關，也是民眾休閒與娛樂的重要場所之一。

本書以《公共圖書館事業與利用》為書名，涵蓋公共圖書館事業與圖書資訊利用兩大主軸。在卷一公共圖書館事業，共包括八篇文章，都環繞著公共圖書館的相關議題，其中探討E世代的公共圖書館服務、公共圖書館網路使用政策都屬於較新的主題，也是新資訊時代公共圖書館營運過程中將面臨的議題；其次是探討館員任用制度與男性館員的議題，屬於公共圖書館內部營運的主題；兩篇文章討論到公共藝術與美學觀點運用到圖書館佈置的主題，相當新穎的主題，也是國內圖書館界較少涉及的主題。

本書卷二是圖書資訊利用，共計有十篇文章，可概分為兩類：圖書館的推廣利用與各類型圖書資料的利用。在圖書館的推廣部分有三篇文章，分別探討圖書館之間的館際互借服務、參考諮詢與轉介服務、文獻傳遞服務等主題。在各類型圖書資料的利用部分，包括七篇文章，如：報紙資料、留學參考資源、臺灣研究、老照片、族譜、文學作品等涵蓋面十分廣泛。圖書館所典藏的資料十分多元化，並不限於圖書、期刊與報紙，如本書所探討的留學資料、老照

片、族譜與文學作品等都是公共圖書館典藏的範圍。透過本書的介紹，將使民眾對於公共圖書館館藏內容有進一步的認識。

本書作者黃國正先生曾於淡江大學教育資料科學研究所就讀時，本人擔任其碩士論文指導老師。在指導過程與其畢業後在國立中央圖書館臺灣分館任職期間，都有聯繫。國正為人謙沖有禮，又精於書法，於工作之暇仍努力於圖書館專業的論文撰寫。此書將其多年來服務於公共圖書館的經驗，撰文與大家分享。國內公共圖書館方面的專著向來欠缺，相信本書能對國內公共圖書館事業有所助益。

國立政治大學圖書資訊與檔案學研究所教授

薛理桂

林　序

　　公共圖書館健全發展是一個國家先進與否的指標之一，我國在公共圖書館的數量及其與人口數的比例上已在先進之列，但在整體發展上尚有進步空間，包括專業養成教育，晉用制度，資訊資源，使用者與資訊服務專業者的互動關係及其相關政策，尤其缺乏與公共圖書館相關的研究與發展之出版。

　　黃國正先生學有專精，術有專攻，在公共圖書館貢獻多年，熱心於資訊服務且用心蒐集、研究公共圖書館事業發展資料，尤其針對圖書資訊利用方面列舉多項具體可行方案，「公共圖書館事業與利用」不僅為公共圖書館事業記下重要里程，更可為未來學習及研究者提供重要參考，殊難可貴。本人特此推薦之。

世新大學資訊傳播學系主任

林志鳳

自　序

　　這是一本我服務於圖書館界的工作經驗，以及多年來教學與研究的心得。

　　從小，我就是個內向而不善言辭的人，加上自己並不喜歡讀學校的教科書，卻很熱衷於課外讀物的閱讀，因此，完成高中學業時，便希望將來能就讀與圖書館相關科系，並奉「讀書」相關工作為志業，而悠遊於浩繁疊帙之中。之後，如願就讀圖書資訊學系及研究所，在修習圖書資訊學課程中，讓我從書海浩瀚中找到自己的出路與方向，使我的心靈愈來愈富有，同時培養並習得多方面的能力與興趣，並使自己愈感自信與喜悅。我想，這些都是透過前人的智慧結晶所獲得，在此深感敬意與謝意。

　　歲月遞嬗，年歲漸長，爾後我有機會到各國旅遊時，皆會利用自由時間登門造訪當地的圖書館。網路作家昆布在其著作《移動書房》深刻地談及：「圖書館雖不一定就是城市的靈魂所繫，但要認識一座城市的文化品味，估量她靈魂的深淺，圖書館是個不可或缺、無可替代的憑藉。」我也帶著這樣的體悟，不辭辛勞地進行我知識與心靈渴望的探索。我體會到較進步的國家，它的民眾把利用圖書館視為生活的一部份，且遵循著一定的規矩接近並利用著它；同時，圖書館的設計若相當人性化且具便利性，尤其蘊藏著當地的文化特色，則圖書館的氣氛是非常吸引人的。因此，我覺得公共圖書館蘊

藏著無限的魅力與內涵，國內圖書館應該也要多加改造與經營，方能吸引民眾的利用與珍惜。

平日我將圖書館服務的心得與研究的課題，撰寫成一篇篇文章發表，期望將圖書館的各項資源與價值推及社會、公諸大眾，並且與圖書館界的同道切磋學習。最近，我將這些文章挑選，並將部分過時資料更新後，整理成此《公共圖書館事業與利用》一書，期望這本書能拋磚引玉引發公共圖書館館員有更多新的創意；讓想當圖書館員的學生能有一些不同於課堂所學的觀念；讓一般的讀者或圖書館員對於公共圖書館資訊的蒐集與利用有些許助益。

感謝這一路走來總有許多貴人協助，謝謝教育部中教司蘇德祥司長（前國立中央圖書館臺灣分館館長）、國立政治大學薛理桂教授及世新大學林志鳳主任的賜序與推薦，並感謝秀威資訊公司願意出版本著作；謝謝圖書館界的師長們之諄諄教誨，讓我在知識的成長有所啟發；謝謝館內多位長官及與我共事的同仁，讓我在工作經驗有所增長；謝謝開南大學主任秘書李汾陽教授，讓我能將所學的東西，有機會與學生互相分享與交流；邱輝塘主任與林淑卿老師的協助校稿；林串良先生與老婆淑慧的鼓勵；堂妹玫溱與我在學科知識上的研討及親戚朋友們的鼓勵都是促成本書能問世的動力，希望未來能將圖書館利用的知識推廣給更多的民眾，讓利用圖書館成為民眾生活的習慣，果真如此，出版此書方能有其意義與價值。

筆者謹識於新店綠中海
2007年中秋節

導　讀

　　公共圖書館是近代人類社會文明和圖書館事業發展的產物，是封建時代藏書樓與近代圖書館的分水嶺。公共圖書館的產生可追溯自14世紀興起的文藝復興運動的影響。文藝復興後，資本主義的萌芽為圖書館事業的發展創造了新的條件，資產階級的影響日益擴大和經濟上產業革命的方興未艾，衝破了封建宗教的文化禁錮，使圖書館從教堂中解放出來，發展到了社會。[1]

　　古時的圖書館是藏書、藏經之所在，所用的名稱不外乎樓、閣、院、室、府、庫、觀等，功能與意義與現今圖書館不太相同。我國現在的圖書館在光緒二十八年（西元1902年）時羅振玉主張設立公共圖書館，隨之，在光緒三十一年，在湖南成立了第一所公共圖書館後，圖書館事業基礎才有了起點，而台灣在西元1914年，由台灣總督府創立第一所公立的公共圖書館「台灣總督府圖書館」（即國立中央圖書館台灣分館之前身），除借還書服務外，並辦理相關的推廣活動，近四十年來，臺灣圖書館界歷多方經營之下，才得與西方所建立之圖書館事業看齊，朝向普及化及現代化的軌跡。[2]

　　依據國際標準組織頒布的ISO2789-1974（E）國際圖書館統計標準的規定，公共圖書館的定義是：公共圖書館是指那些免費或只收

---

[1]　黃宗忠編著，圖書館學導論（武漢市：武漢大學出版社，2002年），頁261。
[2]　薛作雲，圖書資料學（臺北：文津出版社，民國68年），頁6-8。

輕微費用為一個團體或區域的公眾服務的圖書館，它們可以為一般民眾服務或為專門類別的讀者服務，如兒童、工人等服務，它全部或大部份接受政府資助。

各國對於公共圖書館的定義雖然有所不同，但大部份的國家之公共圖書館係指由各級主管機關、鄉（鎮、市）公所、個人、法人或團體設立，以社會大眾為主要服務對象，提供圖書資訊服務，推廣社會教育及辦理文化活動的圖書館。

公共圖書館的重要性

公共圖書館在促進國家文化及教育事業的整體發展，對於提高全民素質的水準均發揮極重要的作用，而公共圖書館與其他類型圖書館的特點不同，在於它所提供的服務，圖書資料方面是廣泛而多樣性的，從兒童到老年人，全民服務，而此類型圖書館儼然是一個社會教育機構，亦可稱之為民眾大學，發揮有教無類及大公無私的教育精神，它不僅是地方文獻的典藏中心、圖書借閱中心、情報中心，還是文化教育與娛樂的場所。

依據《聯合國教科文組織公共圖書館宣言》指出：「公共圖書館是地方的資訊中心，備有各種知識及資訊供讀者取用。公共圖書館提供無私的服務，不因年齡、種族、性別、信仰、國籍、語文及社會地位而有差異。少數民族、身心障礙人士、住院病患、在監人士等，有事實上的困難，無法利用常態性的服務及資料時，公共圖書館應針對他們的需求，提供特別服務。」

　　基於上述宣言，各種年齡、職業及身份的人士都應該在此找到所需的資訊。值此數位科技時代，館藏和服務應兼顧傳統及現代，盡其所能提供服務；尤其要重視地方文化，不能忽視地方的需求與特性。資料的內容需反應當前的潮流及社會變遷，包括人類努力的記錄及想像未來的雄心。館藏及服務不能屈從任何意識型態、政治或宗教的限制，此外，當能避免商業行為的介入而形成壓力。

　　同時，公共圖書館與全民的教育及文化有關，聯合國教科文組織公共圖書館宣言對於公共圖書館服務的核心陳述如下：

1. 從小強化兒童的閱讀習慣。

2. 支援各種層級的正規教育及自我進修。

3. 提供個人開創發展的機會。

4. 刺激兒童及青少年的想像力及創造力。

5. 促進對文化遺產的重視、對藝術的欣賞、對科學成就及發明的尊重。

6. 讓表演藝術有演出的機會。

7. 嘗試各種文化，欣賞其間的差異。

8. 贊助口語傳統。

9. 確保居民能夠接觸各種社區資訊。

10. 對地方性的企業、協會及成長團體提供適當的資訊服務。

11. 助長資訊及電腦技能的發展。

12. 贊助及參與各種年齡層的掃除文盲活動，必要時，可以主動發起這類活動。[3]

---

[3] 毛慶禎譯，「聯合國教科文組織公共圖書館宣言 1994」＜http://www. lins.fju.edu.tw/mao/pl/uplm1994.htm＞（2007.10.1）

因此，與各種類型圖書館相較之下，公共圖書館擁有最大範圍的讀者群，其扮演的角色足以影響整體社會的知識水準，重要性可見一斑，而公共圖書館在經過一百多年的發展，已成為世界各國圖書館體系中一支重要力量。

提昇公共圖書館事業的迫切性

臺閩地區公共圖書館依其隸屬層級可分為國立公共圖書館、直轄市立公共圖書館、縣（市）立公共圖書館、鄉鎮市立圖書館等四個層級。目前國立公共圖書館有國立中央圖書館臺灣分館及國立臺中圖書館；直轄市立公共圖書館計有臺北市立圖書館、高雄市立圖書館及高雄市政府文化局中正文化中心；臺北市立圖書館除總館外，另有分館40所、民眾閱覽室14所；高雄市立圖書館除總館外，另有分館15所；縣（市）立圖書館及縣（市）文化局（中心）圖書館23所，分館13所，除臺北縣立圖書館及臺南市立圖書館為獨立的圖書館建制外，其餘均隸屬於文化局（含文化中心）；鄉（鎮、市）立圖書館則總計338所，分館84所。[4] 截至2006年止，在台灣共有633所公共圖書館（包含分館），且將近28.4百萬冊之藏書量。[5]

---

[4] 曾淑賢，「公共圖書館」在中華民國95年圖書館年鑑（臺北市：國家圖書館，民國96年），頁19。

[5] National Central Library, *Librarianship in Taiwan.* (Taipei: National Central Library, 2007), p.13.

　　由於台灣公共圖書館長期面臨的經費與人力問題，加上網際網路發達，資訊彈指可得，因而對公共圖書館造成不少衝擊，如果公共圖書館再不做改變或調整，將無法發揮其教育功能。因此，筆者認為國內公共圖書館若要達成聯合國教科文組織公共圖書館宣言對於公共圖書館服務的核心陳述，所有館員均需思考圖書館要有哪些誘因，才能吸引讀者前來利用，也要有突破傳統圖書館的經營方式，否則鄉鎮級的公共圖書館只會流於一般的閱覽室功能而已。

本書撰寫大要

　　由於，公共圖書館事業經緯萬端，非僅本書所論述之章節而已，因此筆者著書方向係從提昇公共圖書館事業的角度來撰寫。

　　本書書名為《公共圖書館事業與利用》，共分為兩卷討論，卷一為「公共圖書館事業」，有八篇文章，筆者認為身在資訊時代，圖書館已經不再是過去傳統圖書館的經營方式，而公共圖書館事業要發達，不僅館舍要改造，圖書館館員也要專業，館員對於各類讀者的資訊需求更要掌握清楚，才能提供適切的服務。

　　在本卷中，筆者首先提出館員要掌握民眾的資訊需求，而公共圖書館應與中小學校合作，設法使之成為學子下課的最佳去處，其次公共圖書館若要提昇服務品質，便要進用專業的圖書館員，此乃筆者比較其他國家公共圖書館館員任用制度而陳言；而身處兩性平權的社會，但男性館員在圖書館事業中的發展一直受到質疑，希望借男性館員在圖書館事業中的角色探討可以改變社會大眾的刻板印

象；接著，圖書館要吸引讀者，便要強調圖書館的佈置與裝飾，因此，包括圖書館公共藝術設置的美學概念均要予以強調重視；而E世代電腦網路發達，各圖書館均設置有電腦資訊檢索區，民眾或讀者常會誤用於非資訊檢索處，如何訂定公共圖書館網路使用政策和藉助電腦來從事服務等都為要探討的議題。

卷二為「圖書資訊利用」，本卷之文章都以推廣圖書資訊利用的角度撰寫，係筆者服務於公共圖書館各職務十餘年來研究和心得，由於公共圖書館幅員甚廣，而國內向來是城市的公共圖書館較受重視，經費較多，館員素質較優；而極為偏遠的鄉下圖書館，則較不受重視，因此，如何推廣館員善用資訊系統幫助讀者找到資訊，包括利用遠距圖書系統、使用轉介服務亦是非常重要的課題，另外，許多資料的蒐集是公共圖書館讀者較需要協助尋找的，包括老照片、家譜資料、留學參考資料、報紙資源及教育部提倡之臺灣研究鄉土資料等，亦在本卷中論述，最後筆者以最近出版社所出版與圖書館相關之圖書做一概要性介紹，使館員及讀者對於圖書館的形象有一個新的認識和詮釋，更進而改變過去大家對於「圖書館」的保守意象。

盼望政府機關多一點重視

公共圖書館向來是民眾最先與經常接觸的圖書館類型之一，然而，國內公共圖書館經常處於人力和經費不足之狀態下艱辛經營，其發展與進步甚慢，縣市級以下的公共圖書館發展亦不盡完善，而

相關課題之專書亦甚為缺乏；因此，筆者每在參訪他國的公共圖書館後，總會興起一股想法，期望我國政府機關能對公共圖書館事業多一點重視。

公共圖書館是社區民眾各項服務的窗口，圖書館必須與各有關機構建立合作的關係，也需要建立許多檔案，所需要的人力也不少，一旦確立了圖書館乃社區民眾解決生活問題的諮詢單位，民眾當然會多上圖書館了。可惜，我們政府對於公共圖書館的人力未能充分支持，所以還沒有辦法有如此深入的服務。[6]

希望未來政府應編列預算，以落實各層級公共圖書館的輔導，使公共圖書館有經費可以改善設備外，還要有好的條件吸引專業館員工作之穩定，另外，圖書館還要多多重視美化與佈置，辦理相關活動，使之成為讀者願意停駐、甚至是經常利用的場所，如此才能讓每位民眾視公共圖書館為知識交流之場所、和自我學習與休閒的地方，而不再只是借還書及閱報之處，假若民眾的知識水準提升，國民之道德水準必然也會隨之提高，筆者深信有發達的公共圖書館事業必有進步的國家，而所謂的書香社會才能名實相符。

6　王岫，「公共圖書館與社區服務」於迷戀圖書館(臺北市：九歌，民國 95 年)，頁 238-239。

公共圖書館事業與利用

目　錄

圖目錄

表目錄

卷一　公共圖書館事業

臺灣地區民眾資訊需求之比較

　　資訊需求是人類的一種基本需要，尤其處在資訊時代的今日，每一個人的資訊需求，除了是個人本身的問題外，也會對社會造成影響，過去圖書館一直處在被動的利用環境，而較少引起大家的重視，為使圖書館能充分被利用，形成良性發展，筆者乃將國內近幾年來研究之博碩士論文、研究報告及期刊文章等整理分類，以比較方式分析各層級資訊需求的差異，作為未來圖書館經營或行銷的方向及嶄新服務提供的依據，期望未來國內各類型圖書館能利用行銷策略，把握目標市場，充分發揮營運功能並成為民眾生活重要的一部份。

壹、前言

　　人類自出生後逐漸成長，為了求得生存，對於生活周遭的事物會引起好奇之心或產生疑問，這便是人類基本的資訊需求。尤其處在資訊時代的今日，每一個人的資訊需求，除了是個人本身的問題外，也是社會的事情，這些資訊需求或許可經由學校教育、政府告知、網際網路、社團工作和圖書館提供之各項服務獲得解決，但其中最能供應各種資訊的莫過於圖書館。圖書館為了應付大眾的資訊需求，解決大眾的資訊需要，設立了許多的資訊服務工作。[1]

---

[1]　顧敏，現代圖書館學探討（臺北市：臺灣學生，民國 77 年），頁 69-70。

　　近年來，為瞭解使用者需求，國內外的相關研究非常多，涵蓋範圍包含各種類型的使用者之資訊需求與資訊尋求行為，所採用的方法也不盡相同。薛理桂教授曾撰文「臺灣社會資訊需求分析」，[2]將社會資訊需求分成青少年、成人、老人及殘障人士四類族群探討，或許因為兒童本身的理解力不足、溝通上的障礙，導致被誤解為沒有資訊需求，然而，筆者認為圖書館是從兒童開始便可利用，一直到老年，兒童的資訊行為模式雖較難架構，但確實是存在的，因此，年齡層次可依人類發展過程來分析，並配合教育層級作相關探討。

　　本文係根據近幾年來國內研究之論文、期刊文章及研究報告等整理分類而成，利用比較方式剖析各層級民眾資訊需求差異，以作為未來圖書館經營或行銷的參考方向，期望未來國內各類型圖書館能利用行銷策略，把握目標市場，並藉由使用者之經驗與研究而提供切合需求之資訊，以充分發揮資訊服務之功能與目標。

貳、國內「民眾資訊需求」研究論文之概觀

　　由於使用者導向的概念逐漸獲得認同，許多研究均以讀者資訊需求或資訊尋求行為為其研究課題，有關資訊需求的概念或理論已有相關文獻及討論可茲參考，[3]因此，筆者不再重覆贅述，僅就國內

---

[2] 薛理桂，「臺灣社會資訊需求分析」，中國圖書館學會會訊，第 104 期（民國 86 年 3 月），頁 1-4。
[3] 請參見以下文章：
Lancaster, F. Wilfrid, "Needs, Demands and Motivations in the Use of Sources of Information"，資訊傳播與圖書館學，1 卷 3 期（民國 84 年 3 月），頁 3-19。

近十多年來與「民眾資訊需求」主題相關之實證性研究論文予以整理篩選（見附表1-1-2），並做歸類分析，有關資訊尋求行為則不在本文之探討範圍，分析這些論文以碩士論文佔最多數，其次是期刊文獻；而文獻研究發表時間以西元1998至2000年及2002年之研究量為最多，民眾資訊需求之研究對象泛及各職業，因這些實證性論文大多以研究對象為其研究變數，故研究結果也因而有所不同。

　　檢視所發表之論文發現研究對象有依職業區分（如教師、醫師、市議員等）、依職稱區分（如學生、大學教師等）、依不同類型圖書館讀者區分（如公共圖書館、專門圖書館等）、依年齡層區分做區分（如青少年、成年人等）、依學歷別區分（高中生、大學生等）、依地區區分（如新竹市、高雄榮總等）或依性別區分（女性出家人）等等，大體而言，這些論文由於研究對象及範圍的限制，其研究結果僅能代表少數族群或地區，且城鄉差距也使其不能代表臺灣全體民眾之資訊需求。然而，筆者期望這些論文在民眾對象的比較上，能呈現各不同種類民眾之資訊需求情形，及整體資訊需求之概觀，以提供圖書館界業務改進之參考價值，限於篇幅及研究方式之限

傅雅秀，「資訊尋求的理論與實證研究」，圖書與資訊學刊，第 20 期（民國 86 年 2 月），頁 13-28。

黃慕萱，「資訊檢索之五大基本概念探討」，圖書與資訊學刊，第 19 期（民國 85 年 11 月），頁 7-21。

楊曉雯，「淺析資訊特性及民眾的資訊需求」，國立中央圖書館臺灣分館館訊，第 16 期，（民國 83 年 4 月），頁 25-29。

溫仁助，「從資訊與資訊需求的定義探討資訊需求和使用的研究方向」，大學圖書館，2 卷 3 期（民國 87 年 7 月），頁 58-71。

制，本文僅依民眾最普遍性的年齡層與學歷別做分析討論與比較，以做為未來圖書館經營管理或行銷之參考。

參、圖書館民眾資訊需求分析

圖書館成立之目的是希望提供適當的館藏資料與服務，使讀者自我充實、吸收新知，增進就業的技能，培養正當的休閒娛樂，提昇文化及藝術的涵養。其服務理念乃提供圖書資訊服務，策辦各項推廣活動，帶動全民終身學習。

根據民國八十四至八十五年由臺灣省立臺中圖書館所針對全臺灣公立公共圖書館開放時間與工作時間的調查統計發現，圖書館使用者在性別上女性62.2%多於男性37.8%；在教育程度上高中職以下佔50.1%；在年齡上三十歲以下最多佔62.4%，年齡愈高依序遞減；在職業上則以學生38.5%最多，公務人員13.5%次之。很明顯的，三十歲以上進入就業市場後，如非從事公教人員則已甚少使用圖書館，且教育程度愈高者愈少利用公共圖書館。[4]筆者依此調查結果，乃期望將民眾年齡予以分期，並依教育層級之區別，就近年來國內所發表研究之論文研究結果加以整理比較，企圖瞭解臺灣地區各不同群體民眾資訊需求之間之差異。

---

[4] 程良雄、劉水抱、施玲玲、陳鴻霞，臺灣地區公立公共圖書館開放時間與工作時間之調查研究（臺中市：臺灣省立臺中圖書館，民國85年）。

一、依年齡區分

為闡述人生各階段發展與資訊需求的關係，筆者參酌發展心理學之分期方式分別敘述，其中產前期、嬰兒期及幼兒期因尚在牙牙學語階段，無法瞭解其資訊需求，故不列入本文討論，以下分別就兒童期、青少年期、成人期及老人期加以介紹。

（一）兒童期

兒童是一個人成長發展的初始階段，由於其年齡尚小，因此有顯著的依賴性，仍無法離開父母而獨立，三、四歲時進而發展出恐懼感與嗜食性，但相對來說，此時期具有強烈的可塑性，環境、社會、教育、文化皆會對其心靈造成影響，在好奇心與模仿力的交互影響下，兒童會對周遭環境感興趣，在適時的鼓勵引導之下將可培養出良好之觀察力與適應性。[5]

瓦特（Virginia A. Walter）依據馬斯洛人類需求層次，認為兒童資訊需求有其層次性，並將其歸納成下列五種：[6]

1. 自我實現（self-actualization need）：有關正規教育與課業上的需求、休閒活動的需求、倫理道德及價值觀的需求。

5　鄧敏，基督教兒童教育（臺北市：福音證主協會出版，民國 77 年），頁 13-23。
6　陳麗鳳，「兒童資訊尋求技能與後設認知理論」，書苑季刊，第 45 期（民國 89 年 7 月），頁 68-80。

2. 自尊（Esteem need）：有關對多元文化的了解、情感的知覺、社會體制上的知識（如法律、經濟）、性教育、倫理道德及價值觀的資訊需求。

3. 愛與歸屬感（belonging and love need）：有關多元文化的了解、情感的知覺、休閒活動的需求、人際關係技巧、性教育、倫理道德及價值觀等資訊需求。

4. 安全感（safety need）：有關防範犯罪、交通規則、急救程序、基本讀寫能力、性教育等資訊需求。

5. 生理需求（physiological need）：有關個人衛生、營養、一般健康課題、醫藥、酒、兒童虐待等資訊需求。

　　兒童有資訊需求是無庸置疑的，其需求可能來自學校的指定作業或個人生活上的興趣及需要，為了完成指定作業及滿足個人自我興趣需要，學生必須具備查詢相關資訊的知能。但是，限於認知發展程度及生活經驗，兒童往往無法覺知自己的資訊需求，而且缺乏認知及經驗上的參考架構，以形成適時性的資訊需求。[7]

　　兒童使用公共圖書館的目的為何？根據臺北市立圖書館曾淑賢館長對該館的研究發現最常見者為查資料（老師指定作業），其次為借課外讀物閱讀、找自己有興趣的資料、寫功課、玩電腦、隨便逛逛、參加活動、老師帶去班訪、看影片、其他目的，其中一、二、三年級學童使用圖書館的目的都是以借課外讀物閱讀為最多，一、

---

[7] 曾淑賢，兒童資訊需求、資訊素養及資訊尋求行為（臺北市：文華圖書，民國 90 年），頁 2。

二年級的次要目的是找自己有興趣的資料，三年級的次要目的是查資料（老師指定作業），四、五、六年級學童的使用目的，都是以查資料（老師指定作業）為最多，其次也都是借課外讀物。

可見兒童由於年齡尚低心智發展還未成熟，受他人要求的強迫性資訊需求比例高，因此，老師在此時的影響力甚大，另外兒童經常查詢的資料主題類別依次為動物、自然景觀生態、歷史、科學、植物、笑話卡通、運動遊戲、民俗神話、人物、電腦、美術音樂工藝等，由於兒童的資訊需求中強迫性資訊需求比例高，因此，男女生的需求主題差異不大，在一、二、三、四年級的兒童中，「動物」均為需求最高的主題。[8]

此外，兒童在學校圖書館很少借書，會去圖書館的原因包括：有指定的功課要找資料、借書回家看、喜歡去那裡看書、參加圖書館舉辦的活動。當遇到問題時大多會直接問同學，其次才是問老師，另外，電腦目前尚未對其閱讀產生重大的影響，因為兒童主要把電腦視為遊戲娛樂的設備。[9]

（一）青少年期

青少年是介於兒童與成人之間的過渡階段，從依賴的兒童轉變為獨立的成人，其過程身心發展往往會有劇烈的改變，除了生理的

---

[8] 曾淑賢，「兒童資訊需求、資訊素養及資訊尋求行為之研究」，中國圖書館學會會報，第 66 期（民國 90 年 6 月），頁 19-45。

[9] 李寶琳，臺北市國民小學高年級學童閱讀文化調查研究（國立臺北師範學院國民教育研究所碩士論文，民國 89 年）。

改變之外，情緒上也容易不穩定，會有自我中心的現象；在認知方面會有兩個現象，一個是會產生「假想觀眾」，自覺言行舉止受他人注目，另一為「個人傳奇」，幻想自己的冒險經歷將能流傳千古；此外，在人格發展上會產生「自我定義」，也就是會逐漸遠離父母，轉而提升對同儕之需求，同時由於青少年具有強烈的相對主義道德觀，會對一些固有的評判標準產生懷疑，因此，可藉由學校及家庭來建構其社會化經驗，以培養其責任感與人際關係技巧，並透過同理心促使其接納規範。[10]

青少年的資訊需求是多方面的，問題產生之多寡及性質會因性別與興趣背景而不同。海爾赫斯特（Robert J. Havighurst）列舉出青少年所需面臨的十大挑戰：

1. 達到與同儕間更成熟、更圓融的相處關係。
2. 達到社會所要求的角色扮演。
3. 能充分發揮體能並有效運用自我的身體、心智。
4. 能使自己的情感獨立，不再依賴父母或其他成人。
5. 達到經濟的獨立自主。
6. 為將來的職業選擇做準備。
7. 為將來的婚姻及家庭生活做準備。
8. 發展充分成為社會人所需的各種概念及技能。
9. 對行為能夠負責。
10. 尋求一套能引導其行為的價值及道德觀。

---

[10] 余漢儀，「陪他走過風雨青春－青少年發展與偏差行為預防」，<http://he.cycu.edu.tw/life/Desert/980903/003.htm>（2003/09/13）

　　由於必須面對外在環境的變化與挑戰，在追求成長的情況下資訊需求於焉產生，密赫德瑞（Regina Mihudri）曾提出青少年有五種主要的資訊需求，包括與學校課程相關、娛樂、個人發展、成就技術、資訊性需求。[11]

　　雖然隨著時代的演進，青少年的資訊需求會有所差異，但該類別往往相當類似。漢門（Charles Harmon）即指出青少年的需求可分為下列三方面：

1. 研究性的需求：學校作業、個人研究興趣。
2. 休閒性的需求：滿足聽、看、讀三方面的資料。
3. 資訊性的需要：非系統性，有關日常處事所需的資料。[12]

　　從該文文獻探討與實際的訪談結果，可發現青少年喜歡閱讀的主題大致是類似的。小說在男女青少年讀者中，佔有最重要的地位。此外，性別與年齡是影響青少年閱讀興趣最重要的因素，而從訪談結果顯示，男女生對於小說的需求確有不同，男生方面，以歷史小說最受歡迎，其次為科幻小說、武俠小說、偵探推理小說；女生方面，以文藝愛情小說最受歡迎，其次為恐怖小說、武俠小說、歷史小說，此研究結果與文獻中各研究報告所指出：青少年對於小說類圖書表現得很感興趣；而男生對於科幻、冒險、運動等動作性的主

---

[11] 黃育君，「青少年閱讀行為與公共圖書館服務探討：以雲林縣立文化中心圖書館閱覽室青少年民眾為例」，圖書與資訊學刊，第 26 期（民國 87 年 8 月），頁 54-78。

[12] 楊曉雯，「由使用者層面看公共圖書館的青少年服務」，書苑，第 32 期（民國 86 年 4 月），頁 17-28。

題較有興趣,女生則對浪漫愛情小說、歷史故事等神秘想像類的主題較有興趣的結果類似。至於非小說部份,從研究結果發現青少年所喜愛的主題較普遍者還包括勵志類書籍、散文、傳記文學、美術類、自然科學類、心理學等。其次,就年齡而言,年級越低的青少年由於仍保有兒童的特質,在資料的選擇上也會傾向於閱讀內容較短、文意較淺顯的書籍,年級越高的青少年,則會漸漸提升其閱讀層次。[13]

(二)成人期

成人是人生發展歷程的中段,此時,除了生理上的變化,如器官逐漸老化、新陳代謝減緩等,心理上也有些許改變,相較於其他人生階段,成人比較有自主性,會關心周遭環境的事物,對於生命的認知與意義已有一番不同的體悟,此外,壯年階段正是追求工作成就與生產力的高峰,但隨之而來的卻是龐大的壓力,壓力與沮喪的頹廢容易造成心理上正反兩面的衝突。

在內外的壓力之下,成年人對於特定資訊的需求也較強烈,像是工作、家庭、健康等資訊,根據行政院主計處的統計,成年人口佔全國總人口的68.61%,是相對多數的一群,其資訊需求包括圖書、期刊、新知獲得、解決疑難、休閒等。

若從來源類別來看,成年人的資訊需求包括了下列幾種基本項目:

---

[13] 同註11。

1. 基於日常生活及社會行為上的資訊需要。

2. 基於休閒娛樂上的資訊需要。

3. 基於專業工作上的資訊需要。

4. 基於教育行為上的資訊需要。[14]

因為不同背景變項的成人其資訊需求會有顯著差異，所以進一步調查後得知年齡、教育程度、居住地和職業是影響成人資訊需求的主要背景變項；不同背景變項的成人，其資訊尋求行為會有顯著差異。[15]此外，還有一些成年人，由於身處之機構較特別，因此資訊需求較為不同，像是監獄、特殊教育機構、醫院等，圖書館也應針對此族群提供其所需之資訊。

（三）老年人期

老人是生命歷程的最終階段，在生理與心理上會有許多不同以往的現象，像是運動功能降低、容易失眠、心智功能衰退等，這些生理因素或多或少會間接影響心理狀態，在沒有個人興趣也不熱中社會活動的情況下，會有依賴家庭的現象，常感到疲勞、寂寞、無助，加上身體狀況不好，心理上會覺得缺乏安全感、焦慮、擔心等。

西元1971年美國的白宮老人福利會議（White House Conference on Aging）曾建議公共圖書館注意老人的五項資訊需求：

[14] 同註1，頁70。
[15] 陳春蘭，成人之資訊需求、資訊尋求行為與其運用公共圖書館之調查研究（國立高雄師範大學成人教育研究所碩士論文，民國87年）。

1. 介紹並指引社會資源。
2. 幫助老人和他們的家庭取得如何減少因為年齡老大而帶來的困難，同時擴張機會的資訊。
3. 有關衣、食、住、行、保健、工作、收入等方面的資訊。
4. 有關退休準備的資訊，例如休閒、減少收入以後如何維持生活。
5. 提供必要的教育，使得老人對於高齡建立一種積極的生活態度。[16]

但老年人在日常生活中亦有資訊需求，其資訊需求的類別共有休閒娛樂、時事、健康、教育、生活、老年生活規劃、社會福利、宗教、人際關係、專業知識、投資理財相關等十一類，其中以休閒娛樂、時事、健康三類比重最大。其資訊需求的管道以電視、報紙、圖書、雜誌佔最多數，此外，還有透過朋友、家人、廣播、長青學苑、研討會……等方式取得資訊。資訊需求類別與資訊尋求管道因人而異，產生需求的原因與其生活習慣、教育背景有密切的關係。雖然大多數的老年人對於所取得的資訊均感到滿意，但覺得公共圖書館的規定限制過多，因而甚少利用。[17]

從另外一份調查可知，老年人的資訊需求主要是健康及家庭方面，至於資訊需求的來源，則以看電視、閱讀報章雜誌、詢問親友、專業人才為主。對於有閱讀習慣的老人來說，閱讀興趣依次為時事新

---

[16] 沈寶環，「論公共圖書館對老人民眾的服務」，在圖書館讀者服務（臺北市：臺灣學生，民國 85 年），頁 54。

[17] 岳麗蘭，臺灣地區老年人資訊需求研究：以新竹市長青學苑為例（淡江大學教育資料科學學系碩士論文，民國 83 年）。

聞、法社財政、小說語文，而閱讀資料來源多是去書店購買，其次為去圖書館借閱、家中固定訂閱，相較之下，年紀愈大者愈少使用圖書館，教育程度愈高者愈會常使用圖書館，地利之便、素質高低、平時閱讀習慣等也是影響因素，此外，電視是其最習慣和最喜歡使用的媒體。[18]

　　而葉乃靜的研究發現老人的資訊需求可分為生理、心理、休閒、環境、其他五大類，生理需求包括健康、運動、養身、飲食；心理需求包括人際溝通、情緒、學習；休閒需求包括園藝栽培、閱讀等；環境需求包括居住、政治社會環境；其他包括回饋社會、理財投資、經濟、生活上協助。另外，資訊行為大致可分為三種類型，主動搜尋型的人不只生活有目標或興趣，還有探索的動機；持續注意型的人雖然有目標或興趣，但對目標抱持可有可無的態度；被動接納型的人生活的目標或興趣不明確。[19]

二、依教育層級區分

　　就臺灣現行學校制度而言，莘莘學子所受教育的過程除了正統的學校教育制度外，還包括補習教育或社會教育，本文僅就國內正規教育依層級區分討論，分別為國小、國中、高中、技術學院、大學及研究所等，然因研究人員亦為圖書館利用之重要族群，故亦列入本文予以討論。

---

[18] 陳文增，老人使用鄉鎮圖書館的情形及態度調查研究：以臺北縣林口鄉圖書館為例（私立輔仁大學圖書資訊學研究所碩士論文，民國 87 年）。

[19] 葉乃靜，資訊與老年人的生活世界：以「臺北市兆如老人安養護中心」為例（國立臺灣大學圖書資訊學研究所博士論文，民國 92 年）。

（一）國小學生

國小學生的資訊需求非常多元，幾乎涵蓋所有的學科與知識的範疇，以及所有的活動類別，其豐富性不亞於兒童資訊的提供者——成人。除了傳統的圖書外，也包含了其他紙本式的資料，像是報章雜誌等。受到大眾傳播的影響與普及率，其所接觸的資料形式更是全面性，像是經由電視、廣播等媒介，或是藉由網路或光碟等電子資訊，可以說社會裡的資訊型態他們都會接觸到。[20]

國小高年級學生共同的資訊需求十大類別按受訪者提及次數多寡排列，分別為：課業、休閒活動、流行文化、大自然的知識、社會議題、人際關係、才藝、環境、情緒問題與身體的知識等。其中課業、休閒活動與流行文化等三項資訊需求是所有受訪者皆提及的部分，在五年級和六年級的比較方面，六年級受訪者相較於五年級受訪者，對戀愛的事情較為好奇；而在男生和女生的比較方面，男生在社會議題方面的資訊需求較女生明顯，尤其是災害消息部分，女生則對戀愛、性教育以及流行文化項下的星座、血型、算命的資訊需求較男生明顯。[21]

由於愈來愈多的學生或是學生家長為因應目前社會的潮流，並體認到語言國際化與資訊網路化已是刻不容緩的趨勢，再加上期待孩子不要輸在起跑點上，所以，對英文和電腦產生強烈的資訊需求。[22]

---

[20] 黃慕萱，「國小學生的資訊需求研究」，中國圖書館學會會報，第 69 期（民國 91 年 12 月），頁 1-11。

[21] 陳嘉儀，國小高年級學生資訊需求之研究——以國語實小和北新國小為例（國立臺灣大學圖書資訊學研究所碩士論文，民國 89 年）。

[22] 同註 21，頁 10。

　　此外，國小高年級學童所接觸的資料形式是很全面性的，除了傳統圖書之外，也包含報章雜誌等紙本式資料、電視廣播等影音資料、網路光碟等電子資訊。國小高年級學童常接觸的讀物依序為漫畫書、鬼故事、偵探小說、笑話、神話故事、星座故事、冒險故事、謎語、寓言故事等，可見兒童喜歡有趣且娛樂性高的讀物，另外兒童會主動閱讀的尚包括報紙、雜誌、暢銷書、工具書、外文書等，不只限於兒童文學與兒童讀物類。由於父母工作繁忙，且教師普遍缺乏閱讀知識與資訊，使得兒童多半以借閱漫畫書為主，漫畫書的選擇，男生偏向動作暴力，女生偏向少女愛情，且對日本漫畫的作者認識較多。

　　根據另一份研究，國小高年級兒童課外閱讀的主題興趣依次為散文與文藝長篇小說、童話與寓言故事、文學作品、自然科學與科技類、歷史類讀物等，其中男生較喜歡看自然科學與科技類、電腦網路方面的書課外讀物；而女生則以閱讀文學作品、散文與文藝小說居多。此外，五年級兒童還停留在看故事書的階段，常看童話與寓言故事、歷史類讀物及文學作品，相反地，六年級兒童則選擇閱讀散文、文藝長篇小說。

　　至於影響兒童課外閱讀的主要原因包括：主題興趣、性別、年齡、閱讀態度、家人朋友的影響、課外讀物的可得性、其他休閒活動所佔時間的長短、課業的影響。且閱讀資訊主要來自家人、師長、同學或是在書店瀏覽，閱讀之主要地點與取得來源皆為家中。[23]

---

[23] 馮秋萍，臺灣地區國小五、六年級兒童課外閱讀行為研究：以國立政治大學附設實驗學校為例（淡江大學教育資料科學學系研究所碩士論文，民國 87 年）。

（二）國中生

　　根據問卷調查結果發現：國中學生的資訊需求依序為健康美容、情緒問題、流行文化、自我實現、學校課業、人際關係、一般資訊、休閒生活、社會議題、閱讀興趣。由研究比較國中學生的背景差異可發現國二學生的資訊需求以人際關係為重心，國三學生僅休閒生活類的需求程度較高，其餘均低於國二學生；女學生在許多方面資訊需求程度均較男學生為高，但休閒生活類與社會議題類是例外，至於升學目標是高中的學生比起其他升學目標的學生，學校課業、休閒生活、閱讀興趣的需求較高，此外，學業成就也會影響學生課業、休閒生活等資訊需求程度。[24]

（三）高中生

　　高中學生的資訊需求個別差異極大，其中性別與年級是較大的影響因素，各類別需求程度依序為生涯規劃、身心發展、健康美容、學校課程、人際關係、技能養成、動態休閒、一般資訊、靜態休閒，從學生最需要的生涯規劃、身心發展及健康美容等主題資訊可知，他們最關心進入大學、將來就業及與身體健康相關的事項。[25]中學生使用網路之目的多為「傳訊溝通」、「解決課業問題」與「上下

---

[24] 陳玉棠，桃園縣立國民中學學生資訊需求研究（國立臺灣師範大學社會教育學系在職進修碩士論文，民國 91 年）。

[25] 林詠如，金山中學高中部普通班學生資訊需求之研究（國立臺灣大學圖書資訊學研究所碩士論文，民國 89 年）。

載軟體和檔案」，最常尋找的資訊類型為「下載類」、「生活休閒」和「遊戲類資訊」。[26]

（四）技術學院學生

技術學院以技術職業為導向，于第及王秀惠以景文技術學院餐旅類科學生作為研究對象，分別統計學生在學校上課期間與實習工作期間的資訊需求，前者排名為：休閒娛樂類、課業上／工作上需要之相關資訊、電腦網路類、時事新聞類、主修學科之相關資訊、文學類、語文類、幫助心靈成長之資訊、財經類、其他；後者排名為：休閒娛樂類、時事新聞類、電腦網路類、課業上／工作上需要之相關資訊、幫助心靈成長之資訊、文學類、主修學科之相關資訊、語文類、財經類及其他。

而獲得資訊之管道，以學校上課期間來說，最多的是利用網路資源，其次是詢問同學、學長或朋友、到圖書館找尋資料、請教老師；以實習工作期間來說，利用網路資源為最多，其次是詢問同學、學長或朋友、由報章雜誌中獲得、由電視廣播中獲得。[27]

---

[26] 陳雪菱，國高中生網路資訊尋求行為影響因素之研究——以臺北市為例（元智大學資訊傳播學系碩士論文，民國 91 年）。

[27] 于第、王秀惠，「技術學院餐旅類科學生資訊需求及資訊尋求行為之研究——以景文技術學院為例」，景文技術學院學報，第 11 期（下）（民國 90 年 3 月），頁 1-13。

（五）大學生

大學是分科教育也是高等教育，因此，有關大學生的資訊需求，可區分為不同學院不同學系的學生所產生之不同資訊需求，李逸文以實踐大學為例，發現該校設計學院學生會有資訊需求的原因，主要為課業，其次為個人興趣、掌握流行增廣見聞、打發時間、生活需知、習慣；需求的主題以美術相關類為主，包括設計、藝術、美學、建築等，同時也廣泛接觸其他類資料，如文學、生物、心理學、哲學、自然科學。資訊尋求途徑主要是圖書館和書店，其他依次為網路、請教他人、逛街逛百貨公司、展覽場、實地參訪等，而資訊來源則以圖書及期刊為多，其次是網路資源、報紙、電視廣播，該所大學學生資訊尋求行為的特徵包括：圖片的搜尋是藉由瀏覽而非檢索系統、利用館藏查詢系統仍不普遍、網路資源的品質難以掌握、瀏覽是資訊尋求行為的特色、資訊尋求行為受教師影響。[28]

（六）研究生

由於研究生受過研究方法的教育訓練，因此，對於自己的研究興趣需求比較清楚，資訊需求也比較明確，賴寶棗以淡江大學為例，發現該校研究生的資訊需求與其就讀系所、修習的課程及論文的研究題目等有密切的關係。研究生日常生活的資訊需求著重於休閒娛

---

[28] 李逸文，資訊尋求行為研究：以實踐大學設計學院學生為例（淡江大學資訊與圖書館學系碩士論文，民國 89 年）。

樂類，其他依次為電腦網路類、商業類、藝術類、生活資訊類、政治時事類、文學類等。

研究生資訊需求的產生，大多是因為作業及學期報告需要、論文需要、吸收新知及自我進修需要。資訊來源多半是本校圖書館、網路資源、校外圖書館、老師或專家，資訊搜尋的檢索途徑主要為線上資料庫，其次是網路搜尋引擎、圖書館線上公用目錄、書籍或期刊論文後的引用文獻等。此外，研究生較需要的資訊類型主要是期刊、圖書及博碩士論文；而最缺乏的資訊類型同樣也是期刊、圖書及博碩士論文，在資訊搜尋過程中遭遇的困難包括找不到符合需要的資料、館藏不足、原始文獻獲得困難、對檢索系統不熟悉。[29]

（七）研究人員

除了普遍性使用的民眾或學生較常使用圖書館外，最常利用圖書館的族群便是研究人員，鄭麗敏研究人文學者資訊使用的現象發現有幾個特點：第一、專書多於期刊，對期刊的依賴度不似科學家及社會科學家；第二、使用第一手資料遠超過第二手資料；第三、所使用的資料年限久遠；第四、需要使用外國語言資料。其資訊搜尋的目的，主要是做研究及發表論文，保持不落伍次之。其獲取資訊的途徑依序為：正文後的參考書目、圖書館館藏目錄、專門書目、到書架瀏覽、索引與摘要、書評等。[30]

---

[29] 賴寶棗，研究生資訊蒐尋行為：以淡江大學研究生為例（淡江大學教育資料科學學系碩士論文，民國 88 年）。

[30] 鄭麗敏，「人文學者搜尋資訊行為的研究」，教育資料與圖書館學，29 卷 4 期（民國 81 年 6 月），頁 388-410。

　　而自然科學的研究人員之資訊來源，專業的科學家及技術人員會定期閱讀若干核心期刊，以求迅速掌握最新資料，[31]他們在圖書的使用頻率，以時常使用者佔36.7%為最多；期刊的使用頻率極常使用者佔77.1%為最多；會議論文的使用頻率普通使用者佔38.5%為最多；技術報告的使用頻率不常使用者佔35.8%為最多；專利的使用頻率未曾使用者佔60.6%為最多；博碩士論文的使用頻率不常使用者佔43.1%為最多；預刊本的使用頻率不常使用者佔37.6%為最多；資料庫的使用頻率極常使用者佔27.5%為最多。[32]由此可見人文科學的資訊來源與需求為第一手資料和圖書資訊，而自然科學的研究人員最為需求的資訊來源則為期刊所發表的新知。

　　林珊如也發現研究人員資訊搜尋與使用行為之主要特徵如下：

1. 工作任務構成資訊使用的主要情境。

2. 需要跨學科的互動與合作。

3. 仰賴多元資源與管道的交互作用。

4. 各種人際關係網絡的重要性。

5. 同時看重各式各樣的一手資料與二手資料。

6. 在研究過程中，發生許多資訊相關的活動，研究人也和文本、器物、以及其他形式的資訊，具有深度密切接觸的現象。[33]

---

[31] 楊曉雯，「科學家資訊搜尋行為的探討」，圖書與資訊學刊，第 25 期（民國87 年 5 月），頁 24-43。

[32] 傅雅秀，從科學傳播的觀點探討中央研究院生命科學專家的資訊尋求行為（國立臺灣大學圖書館學研究所博士論文，民國 85 年）。

[33] 林珊如，「建構支援臺灣研究的數位圖書館：使用者研究的啟示」，圖書資訊學刊，第 14 期（民國 88 年 12 月），頁 33-48。

以上則為國內人文科學與自然科學研究人員資訊來源與需求不同之處。

肆、不同類別民眾資訊需求之比較

學者專家對於資訊需求的分類有不同的看法，其中Goggin將人類的資訊需求分為六大類：

1. 解決日常生活疑難問題所需資訊。
2. 免除意外傷害及危機所需資訊。
3. 保持新知所需資訊。
4. 個人文化、宗教及家庭生活所需資訊。
5. 個人興趣、嗜好及休閒活動所需資訊。
6. 屬於特殊讀者群之資訊需求。[34]

而筆者根據本文前段的分析將結果整理成表格如下，比較不同年齡層的人與不同教育層級的學生，其主要的資訊需求之異同如下陳述。

---

[34] 同註7，頁12。

表1-1-1　不同類別民眾資訊需求之比較

	類別	資訊需求
依年齡區分	兒童期	課業、自然科學、休閒娛樂、歷史人文
	青少年期	休閒娛樂、健康美容、人際相處、課業
	成年人期	時事新聞、商業資訊、休閒娛樂、健康美容
	老年人期	休閒娛樂、健康美容、時事新聞、教育資源
依教育層級區分	國小生	課業、休閒娛樂、流行文化、文學
	國中生	健康美容、身心發展、流行文化、課業
	高中職生	生涯規劃、休閒娛樂、課業、身心發展
	大學及研究生	課業、休閒娛樂、電腦網路、商業資訊
	研究人員	仰賴多元資源、人文科學同時看重各式各樣的一手資料與二手資料，自然科學則重視第一手資訊

　　由表1-1-1得知，因為各年齡層者身心狀況發展不同，外在環境為其帶來的影響也不一樣，所以各自的資訊需求有所差異，但一些共通的特性仍會使不同年齡層間產生相同的需求，像是兒童與青少年皆屬於學生階段，有學校的指定課程需要學習，有時還要蒐集資料完成作業，所以，課業為其共通的資訊需求，但青少年尋求同儕認同的態度使其更需要人際相處方面的資訊；相較於學生的需求，成年人與老年人關心的是社會脈動與當前發生的重要消息，將關心的事物擴大到整體環境，時事新聞為其共通的資訊需求，而成年人在時事新聞之外還會關注商業方面的資訊；另外，內在的健康與外在的修飾也是許多年齡層關心的，從青少年到老年人，或許關心程度與重點不完全一致，但已顯示出此主題的重要性；至於最普遍的

共同需求莫過於休閒娛樂，不論是兒童、青少年，還是成年人、老年人，即使生活型態有所不同，適度的休閒對其來說都是必要的，是一項不能輕忽的需求。

此外，為了進一步探討各學生族群的資訊需求，依照教育層級再作分類比較，雖然教育程度各不相同，但各組間仍存有不少相似點，像是最基本的課業相關資訊，即為大多數學生的資訊需求，涵蓋範圍包括每個層級的學生；在課業之外，休閒娛樂也是很普遍的資訊需求，幾乎是各層級皆需要的，只是程度上略有差異；另外流行文化也是不少學生關心的資訊，在媒體與同儕的影響下，學生容易盲目地跟從與模仿，特別是國小與國中學生有此項需求；而國中、高中職學生正值青春期的轉變階段，兩者對於身心發展的資訊有固定比例的需求，但相較之下，國中生更欲獲得健康美容方面的資訊，而高中職生或許是因為年齡略長，對於生涯規劃的資訊有較高的需求。

伍、結論

資訊需求會隨著時代的演進而有所不同，本文所呈現為近十年來國內所研究之成果，而圖書館應以設法解決民眾的資訊需求為優先考量，提供民眾最需求的資訊，雖然目前網路資源也能很快的解決民眾的部分資訊需求，但筆者認為此大都為片面的知識或資訊，許多第一手資料或較為完整性的資訊仍然無法在網路上即時取得，而需藉由圖書館的協助，然而網路的盛行卻減少民眾對於圖書館的利用，因此，圖書館未來若要吸引民眾利用，勢必要改變服務及行

銷的方式，並參考以上分析比較之結果，針對不同類型民眾加以行銷，本文未來不僅可作為圖書館行銷對象之區隔參考，各類型圖書館亦可針對民眾不同需求，提供最需要的資訊或服務，或針對其迫切之需求改變行銷策略。

行銷觀念首重目標市場的選擇，依據產品主要使用者和消費者間的關係來分別出不同的市場，進而考慮不同群體的需要和特性而採用「差異行銷」或是「集中行銷」的策略，以滿足顧客不同的需要與偏好。以圖書館的讀者群而言，其年齡、生活型態、習慣、教育水準、區域別等均有不同，如果都用「放諸四海而皆準，百世以俟聖人而不惑」的單一服務方式，勢必難以獲得讀者之共鳴。

過去行銷學者一再昭告經營者：行銷觀念不主張漫無目標的散槍打鳥，而主張針對特定目標市場的情況，發展特定的行銷組合，以增強對目標群體的服務績效。企業經營首求「目標市場」的明確認定，圖書館的經營也應該如此，如何根據民眾所得、都市化程度、職業、年齡或其他特徵，將民眾分成若干不同的團體，以便因地制宜地採行各種妥善性的服務措施，這是圖書館界所應該關心的一個問題。[35]尤其各類型圖書館可針對需求提供相關類型的資訊或服務，也能針對其需求改變策略，務必讓圖書館成為讀者或民眾生活中經常利用的地方，當利用圖書館成為大家的習慣以後，民眾的知識水準自然會提昇，則圖書館的地位將更被重視。

---

[35] 廖又生，「讀者就是『顧客』：論行銷觀念在圖書館經營之運用」，圖書館組織與管理析論（臺北市：天一，民國 78 年），頁 163-165。

附表1-1-2　臺灣地區民眾資訊需求實證研究論文一覽表

出版年	作者	題名	出處	類型
1990	陳雅文	國立臺灣大學工學院與文學院教師資訊尋求行為之調查研究	臺灣大學圖書館學研究所	碩士論文
1992	李德竹	我國圖書館學教師研究趨勢及資訊需求之調查研究	行政院國科會專題研究計畫，編號NSC81-0301-H002-039	研究報告
1992	鄭麗敏	人文學者搜尋資訊行為的研究	教育資料與圖書館學，29(4)，頁388-410	期刊論文
1993	賴鼎銘	臺灣地區私立大學教師資訊搜尋行為之探討	當代圖書館事業論集，頁753-770	文集論文
1994	岳麗蘭	臺灣地區老年人資訊需求研究：以新竹市長青學苑為例	淡江大學教育資料科學研究所	碩士論文
1995	徐一綺	我國大型資訊電子業從業人員資訊需求之研究	臺灣大學圖書館學研究所	碩士論文
1996	傅雅秀	從科學傳播的觀點探討中央研究院生命科學專家的資訊尋求行為	臺灣大學圖書館學研究所	博士論文
1997	王梅玲	臺灣經濟資訊需求與工商圖書館服務	中國圖書館學會會訊，5(1)，頁11-13	期刊論文
1997	楊曉雯	由使用者層面看公共圖書館的青少年服務	書苑季刊，32，頁17-28	期刊論文
1997	蘇諼	臺灣地區臨床醫師的資訊需求與資訊尋求模式研究	行政院國科會專題研究計畫，編號NSC86-2415-H-030-004	研究報告
1998	楊曉雯	科學家資訊搜尋行為的探討	圖書與資訊學刊，25，頁24-43	期刊論文

1998	李宜敏	護生資訊尋求行為及圖書館利用之研究：以國立臺北護理學院護理系護生為例	淡江大學教育資料科學研究所	碩士論文
1998	陳文增	老人使用鄉鎮圖書館的情形及態度調查研究：以臺北縣林口鄉圖書館為例	輔仁大學圖書資訊學研究所	碩士論文
1998	陳春蘭	成人之資訊需求、資訊尋求行為與其運用公共圖書館之調查研究	高雄師範大學成人教育研究所	碩士論文
1998	許麗娟	國立臺灣大學醫學院暨附設醫院教師與醫生資訊需求與資訊尋求行為之比較研究	臺灣大學圖書館學研究所	碩士論文
1998	馮秋萍	臺灣地區國小五、六年級兒童課外閱讀行為研究：以國立政治大學附設實驗學校為例	淡江大學教育資料科學研究所	碩士論文
1998	廖以民	農業科學教師資訊搜尋行為之研究（上）	教育資料與圖書館學36(1)，頁105-125	期刊論文
1998	廖以民	農業科學教師資訊搜尋行為之研究（下）	教育資料與圖書館學36(2)，頁225-270	期刊論文
1998	劉廣亮	屏東縣國小教師資訊尋求行為研究	輔仁大學圖書資訊學研究所	碩士論文
1998	賴寶棗	研究生資訊蒐尋行為：以淡江大學研究生為例	淡江大學教育資料科學研究所	碩士論文
1999	李淑霞	專門圖書館使用者與使用研究：以行政院一級財經部會圖書館（室）為例	淡江大學教育資料科學研究所	碩士論文

1999	林珊如	台灣史料使用者資訊需求與搜尋行為之研究（II）	行政院國科會專題研究計畫，編號NSC88-2413-H002-025	研究報告
1999	林珊如	建構支援台灣研究的數位圖書館：使用者研究的啟示	圖書資訊學刊，14，頁33-48	期刊論文
1999	林玲君	國立藝術學院教師資訊行為之研究	臺灣大學圖書館學研究所	碩士論文
1999	岳修平	農民使用網路化農業資訊需求與行為之研究	農業推廣學報，16，頁1-15	期刊論文
1999	林婉琪	新竹市立文化中心圖書館使用者資訊需求研究	淡江大學教育資料科學研究所	碩士論文
1999	陳怡佩	報社新聞工作者資訊尋求行為之探討——以政治記者與政治版編輯為例	輔仁大學圖書資訊學研究所	碩士論文
1999	程良雄，黃世雄，吳美美，林勤敏	「公共圖書館讀者資訊需求與資訊尋求行為之研究」摘要報告	書苑，41，頁39-63	期刊論文
1999	葉慶玲	石牌醫學園區護理人員資訊尋求行為研究	輔仁大學圖書資訊學研究所	碩士論文
2000	王美鴻	任務複雜性對高科技經理人資訊行為的影響研究	行政院國科會專題研究計畫，編號NSC89-2413-H009-006	研究報告
2000	王慧恆	公共圖書館讀者對於社區資訊服務之需求研究——以臺北市北投區為例	淡江大學教育資料科學研究所	碩士論文
2000	李逸文	資訊尋求行為研究：以實踐大學設計學院學生為例	淡江大學資訊與圖書館學研究所	碩士論文

2000	李寶琳	臺北市國民小學高年級學童閱讀文化調查研究	臺北師範學院國民教育研究所	碩士論文
2000	林詠如	金山中學高中部普通班學生資訊需求之研究	臺灣大學圖書資訊學研究所	碩士論文
2000	林雯雯	臺灣佛教女性出家眾資訊尋求行為之探討	輔仁大學圖書資訊學研究所	碩士論文
2000	林勤敏	公共圖書館成人讀者資訊需求與資訊尋求行為之探討	成人教育學刊，4，頁35-66	期刊論文
2000	徐國朕，黃世雄	公共圖書館兒童讀者資訊需求與館藏發展配合度與同質性之研究	教育資料與圖書館學，38(1)，頁78-111	期刊論文
2000	陳嘉儀	國小高年級學生資訊需求之研究——以國語實小和北新國小為例	臺灣大學圖書資訊學研究所	碩士論文
2000	葉慶玲	醫師資訊需求研究	國立中央圖書館臺灣分館館刊，6(4)，頁18-27	期刊論文
2000	葉慶玲	護理人員資訊尋求行為研究	大學圖書館，4(2)，頁93-114	期刊論文
2001	于第，王秀惠	技術學院餐旅類科學生資訊需求及資訊尋求行為之研究——以景文技術學院為例	景文技術學院學報，11（下），頁1-13	期刊論文
2001	邱培源	病患健康資訊需求與尋求行為之研究	淡江大學資訊與圖書館學研究所	碩士論文
2001	侯海珠	高雄榮民總醫院醫師資訊需求與資訊尋求行為之探討	中興大學圖書資訊學研究所	碩士論文
2001	曾淑賢	兒童資訊需求、資訊素養及資訊尋求行為之研究	中國圖書館學會會報，66，頁19-45	期刊論文

2001	黃慕萱	成人讀者之資訊尋求行為	臺北市立圖書館館訊，19(2)，頁14-19	期刊論文
2001	劉美慧，林信成	從資訊需求談大學圖書館民眾利用教育	臺北市立圖書館館訊，19(2)，頁20-41	期刊論文
2001	林珊如	本土化數位圖書館使用者資訊需求之評估：使用者研究相關議題	國立台灣大學圖書資訊學系四十週年系慶研討會論文集，頁23-35	研討會論文
2002	李惠萍	輔仁大學餐旅管理學系學生之資訊需求與資訊尋求行為	輔仁大學圖書資訊學研究所	碩士論文
2002	周明蒨	臺北市立國民中學輔導老師資訊需求之探討	臺灣師範大學社會教育學系在職進修碩士班	碩士論文
2002	陳玉棠	桃園縣立國民中學學生資訊需求研究	臺灣師範大學社會教育學系在職進修碩士班	碩士論文
2002	陳雪菱	國高中生網路資訊尋求行為影響因素之研究－－以臺北市為例	元智大學資訊傳播學系	碩士論文
2002	李惠萍	輔仁大學餐旅管理學系學生之資訊需求與資訊尋求行為	輔仁大學圖書資訊學研究所	碩士論文
2002	蘇慧捷	自助旅遊者資訊尋求與資訊使用行為之探討	圖書館學與資訊科學，28: 2，頁49-71	期刊論文
2002	林維君	安寧病房中家屬照顧者資訊需求之探討	國立成功大學行為醫學研究所	碩士論文
2002	陳維華	二年制技術學院學生資訊需求、尋求行為與利用圖書館調查研究——以德明技術學院商學類系學生為例	中國圖書館學會會報，69，頁121-137	期刊論文
2002	黃慕萱	國小學生的資訊需求研究	中國圖書館學會會報，69，頁1-11	期刊論文

2002	林彣瑾	公共圖書館使用者對資訊需求及尋求行為之研究	彰化師範大學商業教育學系在職進修專班	碩士論文
2002	藍治平，張永達	國中生物教師資訊行為再探討	圖書館學與資訊科學，28: 2，頁39-48	期刊論文
2003	吳政叡	圖書館使用者需求調查：以臺北縣立圖書館附近區域為例	國立中央圖書館臺灣分館館刊，9: 2，頁11-20	期刊論文
2003	吳政叡	社區居民圖書館需求調查：以板橋市文化局圖書館附近區域為例	書藝，39，頁1-11	期刊論文
2003	葉乃靜	資訊與老年人的生活世界：以「台北市兆如老人安養護中心」為例	臺灣大學圖書資訊學研究所	博士論文

（本資料僅統計至西元 2003 年止）

從教改問題談公共圖書館與中小學的合作交流

國內自民國八十二年實施教改方案至今已有十多年，學子非但未減輕壓力，反而呈現許多問題與批評，為此，筆者乃就國內教改問題提出討論，建議公共圖書館與中小學採合作交流方式，並借鏡國外成功案例，希望解決當前教育問題。

壹、前言

從最近一波對教育改革的議論當中，不難發現過去推動教改的主要盲點，在於將心力全部放在課程、教材、成績評量與入學方式上，而忽略環繞在這些機制之外的結構因素上，以為一切都會順理成章的相應調整。但實施教改以來，各界抨擊聲不斷，學子壓力並未抒解，學習品質反而下降，[1]現今的中小學教育面臨著前所未有的恐慌，教育界不斷反映，教科書內容錯誤百出銜接困難、英語和鄉土語言教學的師資和教材嚴重短缺、教育目標空洞缺乏落實的導

---

[1] 陳康宜，「學子抨教改：我們不是考試機器」，中央日報，中華民國 92 年 8 月 2 日，第 14 版。

引，此外，新的課程方向雖然對老師們的能力要求較以往嚴苛，但教育部卻沒有提供教師足夠的專業進修和觀念革新機會，何況當年的教改動力即來自於學生是「升學領導教學」的受害者，所以教育主管機關才傾全力改革升學方案，但顯然這些問題至今還是未能完全解決。

根據統計，教改以後有七成家長的孩子有補習，[2]學子們的壓力也跟著增加，不但要補習準備更多的課業，還要花錢學習各種才藝，因此，家長必須提供更多的金錢讓小孩補習，結果大家的學歷雖然都提昇了，但品質卻下降了，也造成社會上高學歷與高失業率的現象發生，這都失去教育與學習的真正意義，若未針對上述問題檢討改進，未來爭議還會不斷發生。

因此，筆者乃希望就以上問題加以研究，希望能獻綿薄之力提出對策，以改善情況，筆者認為倘若公共圖書館能適時地輔助中小學之教育革新，提供師生們各項資訊服務，協同學校舉辦相關之活動，教導學子如何利用圖書館解決其課業及生活問題，而對於欲培養下一代學習能力之圖書館來說，何嘗不是一項契機！

貳、國內教育改革現況與問題

教育之目的以培養人民健全人格、民主素養、法治觀念、人文涵養、強健體魄及思考、判斷與創造能力，使其成為具有國家意識

---

2 張錦弘，「七成五家長：孩子壓力增加，教改十年，減壓失敗，七成家長的孩子有補習」，<u>聯合報</u>，中華民國 92 年 9 月 13 日，第 B8 版。

與國際視野之現代國民。本質上，教育是開展學生潛能、培養學生適應與改善生活環境的學習歷程。

　　教育部為使國民中小學課程能適應時代變遷、青少年身心發展需要，乃於民國八十二年九月及民國八十三年十月分別修正發布國民小學及國民中學課程標準，並於八十五學年度及八十六學年度起由一年級逐年實施。課程修訂的三項背景：應符社會進步及提升國家競爭力的需求、回應教育改革總諮議報告書的建議、以及執行立法院預算審查的附帶決議。[3]

　　該部並依據行政院核定之「教育改革行動方案」，進行國民教育階段之課程與教學革新，鑑於學校教育之核心為課程與教材，此亦為教師專業活動之根據，乃以九年一貫課程之規劃與實施為首務。在九年一貫的教育課程中，培養中小學生資訊蒐尋的基本能力為其目標之一，包括：1.能利用網站、圖書館等資源進行資料蒐尋，並作檔案傳輸；2.能利用光碟、DVD等資源進行資料蒐尋。[4]由此可見，透過檢索以滿足自我之資訊需求，是因應當前資訊爆炸時代不可欠缺之能力，而其中圖書館扮演著重要的資訊提供者、教育者之角色，但是，在當前政府財政捉襟見肘之影響下，許多中小學的教育經費跟著短缺，導致更新設備的經費不足，圖書館自然也沒有多餘的錢添購新館藏，而城鄉差距的擴大，更使得偏遠地區的學校建設遠不如都市中的學校。

---

[3]　教育部國民中小學九年一貫課程與教學網，＜ http://teach.eje.edu.tw/ ＞（2003.10.8）。

[4]　同上註。

　　除了財政的困難，教育本身的問題也令人感到憂心忡忡，進行多年的教改，不但沒有減輕學生的負擔，反而讓學生徬徨於眾多版本之教科書間，必須付出額外的金錢和時間在補習班和參考書上，校方在升學率掛帥的觀念下，也絲毫不敢鼓勵學生課外閱讀，更沒有與閱讀相關的課程活動，而老師本身即缺乏對圖書館的認識，所以，沒有從教學上引發學生利用圖書館的動機；至於面對貧富差距擴大的學生家長，只能拼命賺錢養家，卻忽略了孩子的教育，反倒將教育的重責大任推卸給老師，孩子在此情況下，放任自己流連於不良場所，結交損友的情況於焉產生。

參、公共圖書館如何對中小學教育提供協助

　　根據這幾年的資料，公共圖書館的總館藏量僅次於大專院校圖書館，雖然中小學圖書館的總數量比公共圖書館還要多，但是館藏百分比卻過低，如不改變現況將會影響到中小學生課外閱讀人口之成長。[5]

　　美國Enujioke對影響中學生使用公共圖書館的因素所做的研究，透過問卷調查，瞭解學生們使用的資訊，並比較他們使用學校圖書館媒體中心的頻率，研究結果發現：58%的學生在公共圖書館中找到他們所要的資料，卻僅有22%的學生在學校圖書館中找到他

---

[5]　中國圖書館學會編，<u>臺灣地區的圖書館事業</u>（臺北市：國家圖書館，民國88年），頁 19-22。

們所要的資料，[6]由此可見公共圖書館對於中小學生的助益性遠比學校圖書館還大。

如果能讓公共圖書館與中小學密切的合作交流，對雙方都會有所幫助，就以小學來說，由於放學時間較早，學生下課後無人可照顧，家長只得將他們送到安親班，如此一來，家長需額外負擔每個月的安親班或才藝班費用，但這並非每個家庭都負擔得起，如果能讓公共圖書館成為小學生的課後去處，則家長就不需要擔憂，且圖書館也很願意為這些小讀者服務。

在推廣活動部分，公共圖書館可以為學校教師和義工舉辦圖書館利用教育研習或兒童導讀訓練，使教師和義工們間接將利用圖書館的觀念傳承給學生；不過更直接的方式，是和學校合辦各項活動，像是電影欣賞、演講、讀書會、查資料比賽、閱讀心得比賽等，結合老師的教學，讓參與圖書館的活動變成課程之一部分，也讓利用圖書館變成生活之一部分。此外，圖書館可以定期到中小學舉辦優良讀物的巡迴展，以新鮮有趣的內容讓學生從喜愛閱讀進而願意利用圖書館。如今網際網路普及，中小學生幾乎人人都會利用網路查找資料，所以，可針對中小學生設計專門的網頁，推薦新書、好書、主題書，以吸引其注意力；不過若能透過老師的帶領，經常到圖書館瀏覽、借閱，或是利用資料完成指定之報告，可培養出利用圖書館的終身習慣。[7]

---

[6] Enujioke, Georgia. "Use of Public Libraries by Middle and High School Students in DeKalb County, Georgia." An Educational Specialist in Library Media Technology Scholarly Paper, Georgia State University.

[7] Mary Agnes Casey, "School and public library partnership," *Catholic Library World* 71: 1 (2000): 36-8.

其他尚有陳瓊芬提供美國公共圖書館與學校的合作關係經驗，包括聘請乙位圖書館員、公民教育活動、商會與學校合作計畫、父母親系列活動及阿姆斯壯合作之夜等，這些活動方式均活潑及富創意，甚至結合社會資源，值得我們公共圖書館參考學習。[8]

此外，王愛理根據台中縣清水鎮的實際情況，提出未來鎮立圖書館與當地中小學圖書館合作所應提供服務之建議，如加強採購中小學適用之圖書、延長開放時間、中小學與公共圖書館進行館際合作、圖書館館員定期或不定期至各中小學指導圖書館人員分類編目及各項活動、圖書館應主動通告學校進館之新書、將資料整合以提供各國民中小學校老師、圖書巡迴車定期至各學校提供師生借還書等等；[9]劉朱勝在「圖書館在美國教育改革中的角色」一文中也提出許多學校與公共圖書館在教改進程中所能扮演的角色，且作者主張社區學習機構如圖書館，亦應被教育政策制定者包含在其教改計劃中，以增加教改成功的機會，[10]因此，若公共圖書館為位居偏僻地區的鄉鎮圖書館，其與當地中小學的合作方式必會與位居都市者略有差異，值得我們探究。

---

[8] 陳瓊芬，「公共圖書館與學校的合作關係──以美國為例」，書苑季刊，32 期（民國 86 年 4 月），頁 62-65。

[9] 王愛理，「鄉鎮圖書館與中小學圖書館合作之我見──以臺中縣清水鎮為例」，書苑季刊，32 期（民國 86 年 4 月），頁 48-50。

[10] 劉朱勝，「圖書館在美國教育改革中的角色」，圖書與資訊學刊，第 46 期（民國 92 年 8 月），頁 28-35。

肆、他山之石，可以借鏡——談國外圖書館成功實例

　　國外公共圖書館與學校之合作行之有年，大致來說可以將彼此的合作關係分成二方面來看，圖書館本身內部可以設立專區，以提供特別之服務，進一步可邀請學生到圖書館上利用教育課程，或是館員到學校各班做介紹推廣圖書館的服務，期望學生能培養利用圖書館的習慣。不過，若能像美國的Arapahoe地區圖書館（Arapahoe Regional Library）和Sheridan學校（Sheridan School）一起合作發展圖書館，以服務中學生和一般社區民眾也是種很好的交流方式，他們的合作起初是由圖書館行政部門（Library Services）和建設法案的補助款（Construction Act Grant）提供資金，此模式之成功是由於學校和圖書館對這項計畫的積極認同及事前的充分準備，他們認為這種運作模式對雙方均有利益，得以互相瞭解，共同承擔人員、程序、工作之責任。[11]

　　圖書館內部設立專區可以美國的Carmel Clay公共圖書館（Carmel Clay Public Library）為例，他們特別為9-12歲的學生設立一中學生專區（high school area），其館藏之建立考量到鄰近的學校圖書館已有許多支援課程的館藏，並且從青少年圖書館委員會（Teen Library Council，簡稱TLC）得知大部分的學生不喜歡閱讀嚴肅的書，所以，依讀者喜好購書，主要是提供休閒類書刊，像是小說、散文、雜誌、漫畫書，和中學生的報紙等，甚至包括寓教於樂的電腦遊戲，而將內

---

[11] Ann E. Kelver, "Public School-Public Library Cooperation in Sheridan, Colorado," *American Library Association Annual Conference* 94 (1975): 9.

容嚴肅的書放到較不顯眼的地方；專區之位置設置考量到中學生的活潑及自主性，特別設在流通櫃臺與參考服務櫃臺之間，因為這個區域本來就是圖書館較吵鬧的地方，而且也不會影響到兒童區，雖說是專區，其實也只是用一面牆和兩面書櫃圍成的，但為了讓學生有如在家中的舒適，設置沙發、隨身聽、咖啡桌等物件。[12]如此一來，公共圖書館不只提供中學生另一課後休閒、完成作業的場所，並且在與學校的合作下，提供讀者更豐富完整的館藏。

另外，美國的Caerphilly圖書館（Caerphilly Library）是將圖書館教育推廣到中小學的極佳範例之一，館員邀請學校的學生到圖書館學習一系列有趣的課程，依照年齡設計課程，並逐次提高難度，例如老師教學生認識杜威分類法時，課程是從分類系統大致概念一直到主題索引，再到書本的正確位置，為了引發學生的興趣，每一次的教學都是透過輕鬆活潑的遊戲來進行，最後還加上一個綜合訓練的遊戲來檢驗學習成果。透過學習後的調查，學生們對於這些課程的功效給予正面的肯定，學生們認為透過遊戲的學習過程不會枯燥，並學得許多使用圖書館資源的技巧，在使用上也更有信心，對圖書館來說，另一好處便是學生們將他們的學習成果分享給家人，使更多人認識到圖書館的功用。[13]所以，國內的圖書館若要開設相關課程給中小學生來學習，應

---

[12] Renee J. Vaillancourt, "Couch central : high school students' area at Carmel Clay Public Library," *School Library Journal* 44: 7 (1998): 41.

[13] Nic Pitman & Nick R. Roberts, "Building relationships: forming partnerships between the school and public libraries," *The School Librarian* 50: 2 (2002): 69-70.

該要將課程內容活潑化，唯有學生們先對圖書館和閱讀存有愉快輕鬆的印象，才不會對圖書館裹足不前。

如同Wolfe對於學校和公共圖書館合作計畫的履行及後來成果之調查，證實「圖書館之可利用資源將會影響合作的程度」的理論，也證實「館員和學校員工之交流與合作能否成功息息相關」的假設，[14]可見若要使公共圖書館與中小學間的合作交流順利，館員在與學校聯繫時應遵循一些注意事項，筆者擬就其中較相關部分引用供國內借鏡參考：[15]

一、班級拜訪

為了歡迎班級拜訪公共圖書館，可以先幫學生們辦好圖書證，然而有些老師會反對這個提議，因為若圖書館和學校有一段距離就必須租車，如此使得參觀活定變得像在郊遊。所以，館員的另一個選擇是將圖書館帶到班上，在與學生們一起分享好書之餘，使其平常也願意到圖書館來。拜訪的時間視情況而定，不過可事先準備各種類型的教材，包括小說和散文和詩歌朗誦，但因為館員的身份不能算是代課老師，故老師必須陪同於教室中。

---

[14] Lynne Wolfe, "Cooperative Programs between Schools and Public Libraries in Ohio," M.L.S. Research Paper, Kent State University (1990): 35.

[15] Edward T. Sullivan, "Connect with success: a few tips for public library-school cooperation," *Journal of Youth Services in Libraries* 14: 3 (2001): 14.

二、教老師認識圖書館

為了請老師來瞭解圖書館的資源，公共圖書館可說服課程安排人員把圖書館參訪列為繼續教育課程之一，或者在放學後舉辦教師招待會，免費供應點心並贈送圖書館淘汰之副本給班級圖書室，但最重要的是讓老師們知道公共圖書館有許多有用的資源以及利用資源的方法。

所以，圖書館利用課程的教育對象不只是學生，如果擴大到老師，讓老師間接影響學生使用圖書館的習慣，不失為一推廣良法。

伍、結語

教育改革的目的是想將整個教育情況鬆綁，以減輕學生壓力，讓學生們依其個人之性向、志趣順利地升學，以便未來進入社會也都能符合社會需要，在各行各業有所發揮及貢獻。中小學教育是國人最基礎的教育，若能擺脫各種參考書的填鴨教學方式，並教導學生如何利用圖書館尋找各種資源，解決其生活中及課業上的問題，將能減少課程內容一綱多本學子無所適從，及補習教育歪風盛行之現象發生。

國內教育主管單位一向不重視中小學圖書館利用教育，也不重視圖書館的利用和規劃，其實，若將公共圖書館資源與中小學的教育合作交流，將能改善許多問題，例如老師若能結合圖書館資源充實其教案內容，並指導學生利用圖書館完成作業，將可使教學富有

創意，而學生不再只是考試的機器；學生一旦養成利用圖書館的習慣，教材內容將得以擺脫多種版本的參考書或教科書，也不會再只視教科書為唯一題解的答案，補習之歪風將不再盛行，學子長大以後能自我學習，自己尋求資源以解決身邊問題，也不會再產生許多疑惑，而貧窮學子將不會再因為無錢補習而無法升學，因此，公共圖書館若能發揮教育的功能，協助中小學學生；而學校若能與當地之公共圖書館合作交流，互相協助，相信可開創出另一番風貌。

我國公共圖書館與中小學的合作交流才剛起步，反觀國外的發展腳步卻比我們快很多，上述成功案例可供我們參考學習，無疑地，合作是對雙方皆有利的方式，得以彌補先天條件之不足，且公共圖書館得藉機擺脫被動的角色，主動出擊將圖書館資源推銷給中小學生，以爭取其認同，不過遺憾的是學校有其教學目標和時間限制，公共圖書館若要完全與之配合會有困難，例如圖書館下午開放到五時，而放學後學生來圖書館做功課的相當多，因此，公共圖書館勢必得延長開放時間，然而，對館員來說，一天只有八小時的工作時間，無法完全顧及老師們的需求。[16]

事實上，大部分的中小學都有學校圖書館，但館藏不豐、功能不足是其缺憾，此外，受限於開放時間，經常是晚上或假日也無法順利使用，如果能將公共和學校圖書館合併為一，如美國的Parkrose High School library，白天當作學校圖書館，放學和假日則變成公共

---

[16] 同註8。

圖書館，且線上目錄和流通系統也合併，加速查檢之方便，對某些資訊需求者來說或是不錯之構想。[17]

　　筆者最後殷切的呼籲教育主管機關宜積極重視並改善各地的公共圖書館，規劃中小學圖書館利用指導的課程，並積極將公共圖書館與中小學教育合作交流，因為它們未來將是中小學學生課業利用的最佳場所，也會是改善教改問題最重要的幫手。

---

[17] Carolyn M. Myers, "Creating a shared high school and public library: Multnomah County Library and Parkrose High School" *Public Libraries* 38: 6 (1999): 355-6.

公共圖書館專業館員任用制度
之比較

　　人力資源是一切事業的基礎，圖書館若沒有合適與充足的人力資源，便難有發達的圖書館事業，國內公共圖書館館員任用制度一直以來便是極為混亂，因此，筆者先就目前國內公共圖書館館員任用制度的缺失加以整理，再就美國、日本及英國公共圖書館館員任用制度及文獻資料加以分析比較，尋求較適合方案，試圖提供未來我國公共圖書館館員任用制度之參考。

壹、前言

　　民主國家之重視公共圖書館，由來已久，主要是視公共圖書館為民主政治之資源、人民之大學、繼續教育之推動者，因此，為了實現這些理想，各國無不盡心盡力，發展推動其公共圖書館事業，為提升國民之知識水準與全民文化之共識而努力。[1]反觀一向高唱民主國家的台灣，其圖書館事業之發展一直未受政府重視，尤其從國

---

[1] 盧秀菊，「美國公共圖書館的組織」，<u>臺北市立圖書館館訊</u>，4 卷 4 期，（民國 76 年 6 月），頁 23。

內文獻報告中發現，缺乏充裕經費和人力不足是公共圖書館經營所面臨的難題，其中以「人員」問題最為嚴重。

專業館員人力不足的主要原因是圖書館組織不健全和館員遴用制度不符合圖書館業務功能所致。尤其國內公立圖書館人員任用制度自過去就極為混亂，圖書館法在延宕了近三十年後方於民國90年1月公布。雖然，目前該法已將人員任用制度規定在內，但對於何謂專業人員並無詳細解釋，其認定標準亦無施行細則可資參考。

目前我國公共圖書館館員之遴用依其法律基礎不同可分為：考試任用制、聘任制、派用及約聘僱或臨時館員四種，基本上以「考試及格」為任用之先決條件，雖公平但也使學無專精者充斥於圖書館中，而公共圖書館館員職務列等之高低，與圖書館隸屬機關的層級高低成正比，導致專業館員因欠缺良好升遷途徑而流失。此外，聘任制受組織法所限，無法為各級公共圖書館採行，派用制易造成非專業人員充斥，約聘僱及臨時館員素質則有參差不齊等現象。因此，若要解決公共圖書館人員任用問題，則要朝著改進遴用制度，並配合組織法規之修正兩大方向著手，制定各級公共圖書館適用之聘任館員遴聘辦法，調整圖書館組織架構，並使員額編制具有彈性。[2]

由於圖書館是一經由專業館員所經營的服務業，而我國圖書館法只要求館長級人員需要專業，非主管人員得為非專業，此制度設計不僅不符合圖書館專業理念之要求，另復以考試任用為主、聘任

---

[2] 彭盛龍，「公共圖書館人員問題蠡探」，國立中央圖書館臺灣分館館訊，第 10 期（民國 81 年 10 月），頁 13-16。

為輔晉用人員是否符合專業，諸多問題令筆者產生疑惑，遂希望就國外公共圖書館館員的任用制度加以了解研究，尋求較適合方案，作為未來制定圖書館法施行細則相關條文認定之參考。

貳、我國公共圖書館館員任用制度之問題

近年來台灣的圖書館事業蓬勃發展，在各類型圖書館中，公共圖書館是數量最多、服務層面最廣，但卻是問題與困境最多的圖書館類型。

筆者根據歷年來國內期刊文獻及報告的分析，發現公共圖書館的諸多問題，例如：宋建成指出國內各鄉鎮圖書館皆面臨人力、經費不足、專業人才難求的困境，以致服務功能和水準尚未符合理想；[3]阮紹薇發現圖書館人員佔文化中心編制大部分只有四分之一強，接著列出人員組織有四點待改進之處加以分析，分別為：編制不足、任用方式不當、職等過低、待遇偏低；[4]陳添壽採訪各地公共圖書館發現，圖書館人才不足是台灣地區公共圖書館非常重要的問題之一，他認為依照台灣省各縣市立公共圖書館組織規程規定，圖書館必須分成總務、採編、閱覽及推廣等四組辦理事務，唯經費有限、人力

---

[3] 宋建成，「加速普設鄉鎮圖書館的腳步」，社教資料雜誌，第120期（民國77年7月），頁2-3。

[4] 阮邵薇等，「現行文化中心人事制度的問題探討」，圖書館學刊（輔大），第16期（民國76年5月），頁54-63。

不足，各圖書館幾乎無法顧及組織規程的規定；[5]魏定龍探討國內鄉鎮圖書館的發展情形，發現鄉鎮圖書館最大的困擾也是人員編制與經費預算問題。[6]

盧秀菊在研究台灣地區公共圖書館行政組織體系中發現若干問題，如：公共圖書館員額不足、縣市立圖書館與縣市文化中心行政組織體系層級重疊不清、鄉鎮市立圖書館未受重視、經費不足、公共圖書館專業人才缺乏、公共圖書館行政體系與輔導體系權責不明等。[7]

另外，根據民國85年台灣地區公共圖書館經營管理現況調查研究指出，約有48%的圖書館沒有正式編制，只能聘請約僱或臨時人員，因此，公共圖書館專業人才之缺乏可見一斑。我國公共圖書館大多屬於公立機構，必須晉用通過國家考試及格的公務人員，除非有特別法令規定，非考試及格不得任用，阻礙了其他沒有通過考試卻有專業背景與服務熱誠的人士為公共圖書館任用。因此，廖又生建議相關法規應就圖書館專業館員之資格認定加以修正，藉以提高專業館員之比例，並使其真正具備圖書館專業資格。[8]

胡歐蘭於民國87年針對國內圖書資訊人才需求問題加以調查，研究發現我國公共圖書館部分有41.8%採用高普考分發，8.2%公開

---

[5] 陳添壽，「有待加強的臺灣公共圖書館事業」，圖書館學刊（輔大），第 2 期（民國 62 年 6 月），頁 79-81。

[6] 魏定龍，「鄉鎮圖書館之昨日、今日、明日」，書香季刊，第 6 期（民國 79 年 9 月），頁 87-92。

[7] 盧秀菊，「我國臺灣地區公共圖書館行政組織體系之研究」，圖書館學刊（臺大）13 期（民國 87 年 12 月），頁 1-35。

[8] 廖又生主持，臺灣地區公共圖書館經營管理現況調查研究（二）（臺北市：國立中央圖書館臺灣分館，民國 86 年 6 月），頁 98-101。

甄選有資格人員，56.5%機關自行遴選、1.0%教育人員任用，27.7%曾以「雇員管理規則」進用雇員。[9]

　　而中國圖書館學會於民國89年4月提出的「圖書館事業發展白皮書」中所言，公共圖書館發展遭遇的問題可列舉如次：

1. 公共圖書館組織不健全、人員編制不固定、人力缺乏、職級太低，難以羅致任用專業館員。

2. 各級公共圖書館主管單位不一，缺乏統一領導體制。

　　公共圖書館事業發展經費短絀，不足以維持其業務正常發展。[10]我國鄉鎮圖書館大多是一人圖書館，人力相當不足，且過去「台灣省鄉鎮縣轄市立圖書館組織規程」中，並沒有規定館員需具圖書館專業背景。因此，鄉鎮圖書館人員，大部分由鄉鎮公所轉任（兼任），少數則由公務人員考試合格分發。此外，鄉鎮市圖書館以其人力規模而言屬小型，無法依據「公共圖書館營運管理辦法」分組辦事的理想來推展業務。[11]

　　綜上所述，我們歸納出公共圖書館的問題在於人力不足、專業素養不夠、人員流動性高、經費缺乏等，都是導致鄉鎮圖書館運作停滯無法提升進步的原因。而組織不健全、館員的遴用制度不符合

---

[9] 胡歐蘭研究主持，「我國圖書資訊人力資源現況之調查研究（I）（II）」，（行政院國家科學委員會專題研究計畫成果報告，計畫編號 NSC83-0301-H-004-102-M2，NSC84-2413-H-004-011-M2，國立政治大學圖書資訊學研究所，民國 87 年），頁 147。

[10] 中國圖書館學會研訂，圖書館事業發展白皮書（民國 89 年 4 月），頁 31。

[11] 張惠真，「臺灣地區鄉鎮圖書館行政體制之研究」，（國立政治大學圖書資訊研究所碩士論文，民國 90 年），頁 89。

圖書館業務功能需求，也是重要的因素，館員任用問題無法解決，推廣活動便難推展，更遑論書香社會及終身學習社會的建立與發展。

參、各國公共圖書館專業館員任用制度現況

公共圖書館以服務社會大眾為主要對象，包括社區內一般與特殊讀者均為其服務對象。公共圖書館依設立機關的不同，分為公立公共圖書館與私立公共圖書館，其中公立公共圖書館之設置、組織與人員編制都須要法規依據，筆者擬介紹美、英、日三國的公共圖書館館員任用制度，再與國內公共圖書館館員任用制度加以分析比較。

一、美國

美國各州都設有圖書館，大小不一，由於美國是聯邦制，有關教育、文化等事務都由各州決定，所以其組織體系無一定模式，有些州圖書館是獨立的法人機構，由各州圖書館委員會來管理，有些屬於該州教育部的一個單位；有些屬於州長辦公室直接管轄。[12]

Mic-hael Madden在"The Governance of Public Libraries"一文中，將美國的公共圖書館分成八大類：

---

[12] 盧秀菊，「我國臺灣地區公共圖書館行政組織體系之研究」，（行政院國家科學委員會專題研究計畫成果報告，計畫編號：NSC87-2413-H-002-031，國立臺灣大學圖書館學系，民國87年），頁40。

1. 縣圖書館（county libraries）

2. 市／縣合併圖書館（city/county libraries）

3. 區域圖書館（regional libraries）

4. 市圖書館（municipal libraries: city, village or town）：大部分
   市圖書館是屬於市政府的一部分，圖書館董事會的成員也大
   多經市議會同意，由市長任命之。

5. 鎮區圖書館（township libraries）：許多鎮區圖書館均只對特
   定鎮區（包括好幾個鎮）的居民提供服務，但也有鎮區裡的
   某一鎮擁有自己的鎮立圖書館。

6. 校區公共圖書館（school district public libraries）：校區公共
   圖書館所在的地方單位即是校區（school district），此類型的
   圖書館董事會大都是學校董事會（school board）兼任。

7. 獨立行政區圖書館（independent district libraries）：某些州的
   公共圖書館系統本身就是一獨立的特別行政區，是一獨立的
   政府單位，沒有其他的法人來管理，而行政區圖書館的定義
   各州並不一致。

8. 其他類型：美國東部有些圖書館是因捐款或特別憲章而設立
   的，至於紐約公共圖書館（The New York Public Library）是
   由公共圖書館和私人基金會合辦，由董事會管理。緬因州
   （Maine）的許多公共圖書館是私法人的組織，但圖書館的預
   算及建築歸市（municipality）所有。而夏威夷州（Hawaii）
   的圖書館系統和其他州均不同，基本上公共圖書館系統是州
   教育委員會下的一個州系統，而每個縣（county）都設有一

個圖書館諮詢委員會（Library Advisory Commission），負責向教育委員會提出圖書館服務的相關建議。[13]

美國圖書館館員任用資格是必須具有美國圖書館學會（American Library Association，簡稱ALA）所認可的圖書館學碩士（MLS）學位，並獲得該州政府所核頒之圖書館員證書者才能任職專業館員，其他工作者則為職員，彼此之工作內容、歸屬均有所不同。[14]

專職的工作人員可區分為專業館員（professional librarian）、圖書館技術助理員（library technical assistant）、事務員（library clerk）及其他非專職的支援人員，有兼職工作人員（part-time）及志願工作人員（volunteer），由於其專業館員資格的取得至少應有五年的正式教育，意指四年大學教育之後，外加一年由美國圖書館協會（ALA）認可的圖書館學研究所畢業（碩士），因此，資格的要求相較於國內高出許多。[15]

館員的職稱與升遷有一定的制度，使初級人員不必擔任主管也有升級的機會。[16]

---

[13] 同註 12，頁 30-31。

[14] American Library Association, "Public Librarianship-It's More Than You Think," ＜http://www.pla.org/projects/recruitment.html＞（2002.11.19）。

[15] 程良雄，「美國公共圖書館的經營管理」，書苑，30 期（民國 85 年 10 月），頁 1-10。

[16] 同註 13，頁 40-41。

二、日本

　　日本公共圖書館的事務在行政體系上是歸文部省（教育部）管理，依照都道府縣分別設置都道府縣立、市區立、廣域市町村圈、町村立及私立公共圖書館，都道府縣和市町村兩級地方政權對中央有相對的獨立權，都道府縣的教育委員會應文部大臣的要求，必須就該都道府縣及該都道府縣內的市町村所設圖書館之設置、廢止及設置變更等有關事項提出報告（圖書館法第12條）。[17]

　　日本在西元1950年通過圖書館法第4條至第6條規定圖書館專業職員制度，第13條規定公立圖書館館長及職員應有之資格要件，附則第4項至10項另規定專業資格取得之過渡條款等，另於西元1933年早頒布公立圖書館職員令，西元1936年續頒公立圖書館司書檢定考試規程。[18]由於日本在公共服務領域建立起一套完善的制度，它的核心和基礎就是各種資格認證考試，包括司書（即圖書館館員）資格考試都是成為圖書館館員的第一道門檻。西元2001年，日本重新修訂了圖書館法，其中對司書資格考試作了變動，對人的素質提出了更高的要求。足徵該國有關人事制度之建立受到極高的重視，規定亦較完善。[19]

---

[17] 日本圖書館協會，「圖書館法」，< http://wwwsoc.nii.ac.jp/jla/law.htm >（2002.11.17）。

[18] 廖又生，「從比較法學的觀點析論我國圖書館法之特色」，在中華民國九十年圖書館年鑑（臺北市：國家圖書館，民國 91 年），頁 43。

[19] 吳駿，「日本司書資格考試的新動向」，前沿，3 期（2002 年），頁 88-89。

人員方面，圖書館的專業館員稱為司書或司書補。司書是從事圖書館的專門事務，司書補則是司書的協助人員。其資格的取得在圖書館法第五條中有以下規定：司書應合乎下列資格之一：

1. 具有司書資格者。
2. 大學或高等專門學校畢業者，曾受第六條規定之司書講習結業者。
3. 大學畢業曾在大學修完有關圖書館科目者。
4. 具有三年以上司書補工作經驗者，並受第六條規定曾受司書講習結業者。

司書補應合乎下列資格之一：

1. 具有司書資格者。
2. 高等學校或高等專門學校第三學年結業，並曾受第六條規定之司書補講習結業者。[20]

根據修訂後的圖書館法，現在的日本司書資格考試實際上由公務員考試或專業測試兩部分組成，而且各類型圖書館的資格考試又不相同。有關公共圖書館部分，如各省市公共圖書館司書資格考試則根據各省的實際情況分別訂定，以東京（包括神奈川、埼玉、新潟）為例，司書資格分為上級和中級。

一般獲得上級資格證書的分配到省圖書館，中級的分配到省立各高中圖書館，綜合考試採用地方二級公務員考試試卷，專業考試

---

[20] 同註17。

則使用〈圖書館講習資料〉這套教材，考試範圍也不會超出日本圖書館協會所編的〈圖書情報專業考試大綱〉所要求掌握的知識，省市公共圖書館的資格考試注重的是第一部分綜合考，一般考生若系統地學過圖書資訊課程並取得30學分，通過專業考應不成問題。[21]

三、英國

有關英國公共圖書館體制，在西元1964年的公共圖書館與博物館法案前文中明訂公共圖書館法案在國務大臣（即教育與科學部部長）的監督下，分由各級地方政府推行。由於受此法案的影響，教育與科學部負責監督全英的公共圖書館事業。但實際業務的推動係由各地方政府負責，因公共圖書館人員的運用與經費的支援都來自地方政府。

英國公共圖書館的管理單位可區分為：都市管理單位（urban authorities）與郡圖書館管理單位（county library authorities）。都市管理單位主要包括：大都會地區（metropolitan districts）與倫敦自治市（London Boroughs）。都市管理單位所屬的圖書館又稱為市立圖書館（city libraries），郡圖書館管理單位所屬的圖書館又稱為郡立圖書館（county libraries）。

英國所屬的英格蘭、威爾斯、蘇格蘭以及北愛爾蘭地區，公共圖書館的體制因地而異。[22]英國公共圖書館的館員晉用係由地方政府負責甄選。目前大多的公共圖書館所晉用的人員必須具備圖書館

---

[21] 同註 18，頁 89。
[22] 薛理桂，中英圖書館事業比較研究（臺北市：文華，民國 82 年），頁 94-95。

學或資訊科學研究所資格，或必須通過該國圖書館學與資訊科學執
照協會（Chartered Institute of Library and Information Professionals簡
稱CILIP）所舉辦的資格考試。為取得執照，必須要完成由CILIP所
認可的研究層級學歷，並在取得資格前有更進一步的工作訓練。

圖書館人員依其專業資格與否分為不同的職級，如：非專業館
員的職級為1-3，具有專業學術資格，而不具合格館員資格為職級
3-5，而合格館員（即初級會士與高級會士）的職級為5-6。英國的
職級與資格較有彈性，如係圖書館學系、所畢業，但尚未取得會士
的資格，仍可任職於公共圖書館，職級為3-5，因而具有專業資格的
館員薪級較高，且就業機會亦較多。[23]

四、台灣地區

我國公立公共圖書館依其隸屬政府行政層級之不同，又可分為
國立圖書館、直轄市立圖書館、縣（市）立圖書館及縣（市）文化
局（中心）圖書館、鄉（鎮、市、區）立圖書館；其行政隸屬關係，
除國立中央圖書館台灣分館隸屬國家圖書館，組織型態及職掌較特
殊外，其餘各縣市文化中心圖書館之組織大同小異。市立者隸屬於
市政府教育局，縣立者隸屬於縣政府，鄉鎮縣轄市立者則隸屬鄉鎮
公所，並受其指揮與監督。[24]

---

[23] Chartered Institute of Library and Information Professionals, "Qualifications-Your Seal of Approval," ＜http://www.cilip.org.uk/qualifications/qualif.html＞（2002.11.19）。
[24] 同註8，頁39。

考試院雖然每年舉辦公務人員考試，針對各機關之職缺分別舉辦相當職等之考試，如高考、普考、基層特考及初等考試，但由於許多圖書館並未依規定呈報職缺，造成每年錄取名額相當少，能任職於公立圖書館者實屬鳳毛麟角。

至於聘任制則由社教機構首長依教育人員任用條例規定之條件聘任專業人員，其職級比照大學教授、副教授、助理教授及講師，館員若要升等則需待館內有職缺，經館內人評會通過，且其本身有相當層級水準之著作送教育部學審會通過方可升遷。

約聘僱制係以聘用人員聘用條例聘用及行政院暨所屬機關約僱人員僱用辦法僱用之人員。此外，在圖書館經常可見職稱為「臨時人員」但卻服務幾十年的異常現象。

有關圖書館館員之任用資格，在我國「圖書館法」中規定圖書館置館長、主任或管理員，並得置專業人員辦理圖書館之各項業務。公立圖書館之館長、主任或管理員應由專業人員擔任。公立圖書館進用主管及專業人員時，應依公務人員任用法規定任用，必要時，得依教育人員任用條例規定聘任。至於何謂專業館員的解釋則在教育部所頒布「公共圖書館設立及營運基準」有所規定（民國91年10月28日教育部台（91）社（三）字第91156118號令），該基準是依據「圖書館法」第五條之規定訂定的。依據該基準第十點規定公共圖書館工作人員依其工作性質得分下列三類：

（一）專業館員：凡具有下列條件之一者，並擔任本基準第八點所列業務者屬之。

1. 國家公務人員高等考試暨普通考試圖書資訊管理類科及格；或相當高等考試暨普通考試之圖書資訊管理類科特考及格，並取得任用資格者。
2. 國內外大學校院圖書資訊學系本科系、所或相關學系、所畢業者。
3. 國內外大學畢業，並曾修習經圖書館各級主管機關核准或委託之圖書館、大學校院、圖書館專業團體辦理之圖書資訊學科目課程二十學分或三二〇小時以上者。
4. 國內外大學畢業，並有圖書館專門學科論著經公開出版者，或三年以上圖書館專業工作經驗者。

（二）行政人員：凡具公務人員任用資格並擔任圖書館一般行政業務者或協助專業館員處理業務者屬之。

（三）技術人員：凡具圖書館電腦、資訊、視聽、裝裱、工程、空調及機具操作維修等專長，依技術人員任用條例任用並擔任圖書館技術工作者屬之。

　　第十二點則規定公共圖書館專業館員以不少於全館總員額三分之一為原則。館長、主任或管理員之進用依圖書館專業人員認定事項辦理，其所屬業務主管應為專業人員，並具二年以上圖書館實際工作經驗；第十三點則規定公共圖書館工作人員每年應接受六小時以上之專業訓練。[25]

---

[25] 教育部，「公共圖書館設立及營運基準」（民國 91 年 10 月 28 日教育部台（91）社（三）字第 91156118 號令）。民國 80 年 7 月 2 日教育部台（80）社字第 33896 號令訂定公告之「公共圖書館營運管理要點」自即日起廢止。

肆、各國公共圖書館專業館員任用制度之比較

　　圖書館專業館員在美國需取得經由美國圖書館協會認可的圖書館學研究所的碩士學位，才可稱為圖書館專業館員。在日本則需修完專業知識的課程並通過司書資格考試方能任職。英國則需具備圖書館學或資訊科學研究所資格，且必須通過該國圖書館學與資訊科學執照協會（CILIP）資格考試。而我國現行規定則依據「圖書館法」及「公共圖書館設立及營運基準」之規定，可依教育人員任用條例規定或經國家公務人員圖書館類科考試及格甄選。在制度之設計上，美國及英國皆採修畢該國圖書館協會所認可之課程才有資格參與公共圖書館甄選及任職，館員至少都有大學以上相關之專業學識和水準。日本則以考試制為主，難度亦高，但限定要接受專業知識後方能參加考試，其司書考試制度雖然嚴謹，但能培養館員有較廣範的學科知識。

　　我國雖屬兩種制度之折衷制，但可互補考試制及聘任制之優缺點，由於國內目前各組織法及地方自治法規之紊亂，導致縣立及鄉鎮級圖書館並未真正落實圖書館法之規定。目前僅有國立中央圖書館台灣分館、國立台中圖書館及台北市立圖書館有聘任制度，縣市立及鄉鎮立圖書館則以考試制為主，但鄉鎮圖書館館員多為非圖書館專業科系畢業者，或非圖書館類科考試及格人員，常無法勝任專業工作，造成社會大眾對於圖書館為非專業工作的誤解。

伍、結論

　　圖書館若要維持其生存與發展，人力資源和經費扮演重要的角色，而館員任用制度更是人力資源的重要部分，國內目前正值公務人員制度改革之際，因此，改變現有公共圖書館人事制度實屬當務之急。

　　誠如企業一般，各種產業的進步實有賴於研究發展人才和業務人才的努力和合作，圖書館雖非營利機構和企業，但筆者認為國內在圖書館事業若要有所進步和發展，仍需有專業和研究型人才的配合。日本的司書資格考試制度相當國內高普考，雖然嚴謹，但僅能培養館員有較廣範的學科知識，如能再搭配如美、英兩國專業研究人才的聘任，每年有相當水準之論文發表和研究，將能促使服務水準不斷的提升。

　　針對以上比較，筆者擬對我國公共圖書館館員任用制度之改進方向提出建議如下：

一、設置統一管理圖書館的單位

　　目前國內公共圖書館由於組織法的問題，歸屬定位未明，不管最後隸屬教育部或未來的文化部，筆者建議應設置統一管理圖書館的單位，方能管理全國各類型圖書館，圖書館才有獨立的預算得以分配和運作。

二、落實「圖書館法」及「公共圖書館設立及營運基準」之規定

　　國內鄉鎮圖書館是我國公共圖書館中最基層的組織，設置遍布全省，無論是在推動文化建設、建立書香社會，乃至倡導終身教育方面，鄉鎮圖書館都站在最前線，肩負沈重的責任。由於鄉鎮市公所的員額編制原本即少，而圖書館的編制又是含在鄉鎮市公所的員額中，鄉鎮市長有人事任用權，因此，常有地方派系介入，人員調動頻繁，許多鄉鎮寧用臨時人員而不核派正式人員，對圖書館業務之運作影響甚鉅。建議未來政府機關宜落實「圖書館法」及「公共圖書館設立及營運基準」之規定，並修改「地方自治法」之條文，遴選專業人才任職，否則所制定之相關法規或辦法形同廢文。

三、提升基層圖書館員職等及待遇以延攬優秀人才

　　基層圖書館從業人員流動率高不外乎人員少、職等低、工作繁雜、輪值早晚班或假日值班、待遇低以及缺乏升遷及進修等管道，若能從提升基層圖書館從業人員之職等及待遇，將能延攬更多的專業館員。

四、圖書資訊人員考試之報考資格應具備相當層級之專業教育訓練

　　國內現行有關圖書資訊之公務人員考試，未將圖書資訊人員之報考條件予以限制，造成許多社會人士認為圖書館考試是自己自修

便可應試的考試。但筆者認為目前之圖書館服務已不像過去的傳統圖書館，且科技進展甚快，許多圖書館專業的知識仍要透過訓練才能獲得，若能接受相關專業的教育訓練，方能符合政府機關考用合一的美意。

五、取消約聘僱及派用制度

筆者建議國內圖書館專業館員未來應以考試任用制度及聘任制度為主，至於約聘僱及派用制度應逐漸取消，因為一館多種人事制度易造成混亂局面，且增加許多人事費用。未來公共圖書館專業館員應致力於智性、決策性與設計性的發展工作，至於較為機械性或簡易的工作（如圖書上架）則可考慮外包或徵求志工來協助，如此一來，不僅可使圖書館節省更多經費，又能促進公共圖書館的專業發展。

六、採聘任制之專業館員每年應有相當水準之論著發表或出版

筆者認為以教育人員聘任之館員，應等同國內外各學術研究機構之研究人員，除了在行政服務需接受評鑑外，每年應有相當數量品質之論文或出版品發表，否則應予以淘汰，以符合當初聘任制之用意。

圖書館界若能善用人力與財力並積極籌措擴增資源，重視公共圖書館專業館員之資格認定及任用問題，促進圖書館行政體系與輔導體系之相輔相成以避免權責不清及功能重覆，推行圖書館組織變革以增強組織效能，將能為全體國民提供更好的服務，進而為建設知識經濟國而努力。

圖書館事業中男性館員的探討

　　圖書館事業向來是女性多於男性的行業，因此，男性館員在圖書館中都成了「珍稀動物」，筆者為探究為何少有男性從事圖書館行業，並試圖瞭解已從事該行業者的動機、工作類型、工作滿意度及發展情形等，文末不揣淺陋，提出一得之愚，希望未來圖書館員中兩性宜有適當比例，才能使圖書館的工作協調，人際關係處於最佳狀態，而為圖書館事業作出較大的貢獻。

壹、前言

　　儘管國內外許多設置圖書館學系的學校為迎合資訊社會來臨而更名為「圖書資訊學系」，並在課程的設計上加入許多有關電腦與資訊處理方面的課程，但這個行業與科系或許受限於「圖書」這兩個字，卻始終只吸引著大多數的女性，男性喜歡唸這科系並於畢業後從事這樣的行業比率並不高。

　　男性館員在圖書館界相當稀少是由來已久的問題，從國內大學聯考每年錄取圖書館相關科系的學生來看，男性便是萬「紅」叢中數點「綠」；而圖書館就業市場所見之館員也以女性居多，甚至一般所見經典名著、電影或電視影片所描述的圖書館員角色也幾乎全是女性，男性並不多見，因此，一般人常認為男性不適合從事這樣的行業，正如同社會工作、護理、理容業及輔導工作等均普遍為大

眾認定是女性的職業，而男性館員在圖書館中工作的角色因此較易被忽略。

筆者服務圖書館界多年，經常走訪國內各大小圖書館，發現國內圖書館界男性偏少的現象與問題，加上長久以來社會大眾對於男性擔任圖書館員一直抱持著懷疑的態度，甚至認為男性擔任圖書館員是毫無出息的工作，種種問題促使筆者對於圖書館中男性館員產生了研究的興趣，心中疑惑著，難道男性不適合在圖書館中工作嗎？那究竟是什麼原因促使少數男性願意留在圖書館內工作？他們在圖書館界中都擔任怎麼樣的角色？其工作滿意度又如何？為探究此現象，本文乃就國內外有關此主題的文獻蒐集分析，俾能瞭解男性館員從事圖書館事業的問題。

貳、由統計數據看圖書館的性別比例

根據西元1980年美國職業調查數據中指出：在圖書館事業中有81.4%為女性從業人員，有18.6%為男性；而另一項由美國圖書館協會之女性圖書館事業委員會（The Committee on the Status of Women in Librarianship，簡稱COSWL）統計報告中指出，美國圖書館學會會員數目中有75.8%是女性，24.1%為男性。[1]

---

[1] Ronald Dale Karr, "Becoming a library director," *Library Journal* 108: 4 (1983): 343-346.

　　大陸顏光仁先生研究中國圖書館員的性別比例，他指出圖書館中館員性別比例嚴重失衡的情況（如中山大學圖書館女性館員佔82%，人民大學圖書館佔77%，武漢大學圖書館佔77%，中山圖書館佔66%，廣州圖書館佔65%，100%為女性館員的圖書館也為數不少），文中說明圖書館會造成女性館員眾多的原因有很多，主要是因為社會制度的優越、就業婦女的人數增加，機會增多、性別比例失衡的客觀存在及個體差異等。[2]

　　而國內圖書館界亦有兩性失衡的情形，雷淑雲[3]、張素娟[4]、胡歐蘭[5]與陶惠芬[6]曾對國內圖書資訊人力資源現況作全面性調查與研究，均發現我國圖書館從業人員皆為女性館員多於男性館員，因此，圖書館中女性館員多、男性館員偏少幾乎是舉世皆然的事，而男性館員在圖書館中都成了「珍稀動物」。

---

[2] 顏光仁，「圖書館員的性別比例」，圖書館論壇，3 期（1997 年），頁 46-48。

[3] 雷淑雲等著，臺閩地區圖書館現況調查研究（臺北市：國立中央圖書館，民國 71 年）。

[4] 張素娟，我國大學圖書館女性館員工作類型之研究（臺北市：漢美，民國 80 年）。

[5] 胡歐蘭研究主持，我國圖書資訊人力資源現況之調查研究（I）（II），國科會研究計畫，（臺北市：國立政治大學圖書資訊學研究所，民國 87 年）。

[6] 陶惠芬，專科學校圖書館員工作價值觀與工作滿意度相關因素之研究，（淡江大學教育資料科學研究所碩士論文，民國 88 年）。

參、男性館員的特質

　　根據美國一項針對100位被調查的人詢問「對傳統男性圖書館員特質看法」之研究，其結果發現一般人認為男性圖書館館員最高的五項特質為：(1)安靜的(2)平凡中庸或容貌嚴肅的(3)單身或未婚的(4)沉默寡言或毫無生氣的及(5)處於溫室中的；[7]Beaudrie與Grunfeld認為過去大家對於從事圖書館的男性館員均視為是拙劣或非男性（non-masculine）的個體，然而，經過這些年來，男性在圖書館的角色已經歷相當的轉變，對於男性圖書館員的觀點已不再是今日這樣現實的角色。[8]

　　現今圖書館中不在行政職位的男性館員，經常被視為具有柔和、安靜、值得尊敬、樂心幫助及敏感等特質。顯然，當一個具有極為有力的、外向的、表達個人性格、主動、冒險及傲慢等特質的人，將無法被認同適合擔任圖書館員這種角色。[9]此外，男性館員在「女性化」的職業中（如護理、社會工作或教學）經常被視為較社會上其他行業有更多的「同性戀者」。[10]

---

[7] Joanne E. Passet, "Men in a feminized profession: The male librarian, 1887-1921," *Libraries and Culture* 28: 4: 388.

[8] Ronald Beaudrie & Robert Grunfeld, "Male reference librarian and the gender factor," *The Reference Librarian* 33 (1991): 211-13.

[9] Pauline Wilson, Stereotype and Status, Librarians in the United States. (Weston, Conn.: Greenwood Press, 1982), p.7.

[10] James V. Carmichael, "Gender issues in the workplace: Male librarians tell their side," *American Libraries* 25: 3: 227-230.

肆、男性很少從事圖書館工作的原因

圖書館中為何很少有男性從事圖書館事業工作？筆者認為此一現象固可從兩性的性別角色特質、選擇職業上的差異及圖書館的工作性質來探討。

由於傳統社會的觀念，大家普遍認為男性的成功應該表現在事業上，包括：財富、名望、領導地位或甚至於有多少妻妾來代表，另外要能冒險、敢拼命，而傳統的女性則被認為是美麗的，不好強爭勝，是個好聽眾，能安慰人，依賴男人，做賢內助，並讚賞男人的成就（見表1-4-1），因此，社會文化對於男女兩性角色的不同期望在社會上也造成不同的影響，[11]而男性在圖書館事業上的表現或成就，則普遍無法被社會大眾接受並認為他們在事業上的成功。

表1-4-1　典型性別角色特質

女性	男性
缺進取	進取
缺獨立	獨立
富感情、不隱藏感情	無感情、隱藏感情
非常主觀	非常客觀
服從、最受影響	支配、不易被影響
易對小事激動	對小事不激動
被動	主動
無競爭性	有競爭性
不合邏輯	合邏輯
無商業才能	有商業才能
轉彎抹角	直接了當

---

[11] 蔡文輝，家庭社會學（臺北市：五南，民國 76 年），頁 35-37。

無冒險性	有冒險性
難下決心	有決心
欠自信心	有自信心
無野心	有野心
多話的	沉默的
靈巧、溫和	直爽、粗魯
能瞭解他人的感情	不瞭解他人的感情

本表格引自蔡文輝著，<u>家庭社會學</u>（臺北市：五南，民國 76 年），頁 36。

　　從選擇職業上的差異而言，高淑貴女士針對男女兩性選擇職業之差異做比較研究，發現兩性在職業選擇上有顯著差異的變項，包括：現職就業方式、從事現職每月所得、從事現職的理由、對目前工作價值的認定、理想工作價值的認定、選擇職業遭遇之困難及對工作的未來計畫等，這些因社會化過程所造成的差異也決定了男女選擇職業上的差異。[12]

　　若將圖書館內工作內容加以區分，則可發現圖書館工作不外乎（一）行政服務、（二）讀者（公眾）服務及（三）技術服務等三大項，其中行政服務工作項目可分為政策釐定、預算、人事、建築及館室空間、庶務管理及公共關係等；讀者（公眾）服務可分為流通、參考工作、參考諮詢等；而技術服務則可分為圖書資料徵集、分類與編目、圖書上架前之預備項目、圖書裝訂及電腦化、自動化之準備，[13]由這些工作我們發現，圖書館中大多數的工作性質皆屬於靜態性的，而這與女性細心的特質較接近，由於圖書館行業在社會中屬於非高薪工作，加上其工作需具細心、耐心等特質，不但沉

---

[12] 高淑貴，男女兩性職業選擇之比較研究，行政院國科會研究計劃，民國 74 年。
[13] 沈寶環等編著，<u>圖書館學概論</u>（臺北縣：國立空中大學，民國 81 年），頁 76-78。

靜單調又不負挑戰性，因此，這便是為何少有男性從事圖書館工作
的原因。

伍、男性選擇圖書館事業為職業之探究

　　一向為大多數女性所從事的圖書館行業，仍有少數男性願意選
擇圖書館成為他工作就業的地方，難道他們果真無一技之長而只能
待在圖書館中服務嗎？美國一位男性圖書館員Allan撰文「男性圖書
館員——不正常嗎？」便表達了他的心聲，文中他描述擔任圖書館
員的樂趣，並提及他很喜歡圖書館事業這個行業，儘管他的朋友一
再要求他離開這個行業，但他仍堅持他對這個行業的熱愛與所作的
抉擇，由字裡行間可看出他認為圖書館員才是他最無悔的選擇。[14]

　　Passet分析男性圖書館員進入圖書館行業的理由，發現有半數以
上的男性會擔任圖書館是因為他們喜歡書和先前的經驗（如曾在
圖書館中工作或使用圖書館的經驗），而促使成為決定性的素。而
當他們欲成為館員，家人也大多支持其決定（佔85.23%），不支持
其決定的僅佔少數（4.28%）（見表1-4-2），[15]因此他認為男性選擇
圖書館為職業最主要的原因是喜歡看書，而由於他們喜愛看書因此
持續接受教育，他發現在圖書館中男性館員大都受有良好的教育，
幾乎73%的男性館員已擁有學士學位，另有5.7%曾進入學院就讀而

---

[14] Allan Duckworth, "The librarian image," *New Library World* 76: 114 - 116.
[15] 同註7。

未畢業，這種現象在一種職業中有如此多高學歷比率的畢業生並不多見，除擁有學士學位外，另一顯著的數據是幾乎25%的男性館員會繼續追求碩士、博士及其他更高級的學位。[16]

表1-4-2　男性圖書館員進入此行業的理由與家人是否決定的支持

	數量	百分比
擔任圖書館員的理由（n=476）*		
喜歡書	269	56.51
先前在圖書館的工作經驗	218	45.8
偶然的事	82	17.23
可能有進展機會	62	13.03
對電腦有興趣	39	8.19
非險惡的環境	35	7.35
在其他工作失敗	23	4.83
家人的建議	7	1.47
其他圖書館員的建議	3	0.63
家人是否支持其決定（n=467）		
支持決定	340	72.81
支持，但有限制	58	12.42
不支持決定	20	4.28
不知道	49	10.49
總計	467	100

*回應者以這些原因作複選，因此百分比總和非為100%

資料來源：Joanne E. Passet "Men in a feminized profession: The male librarian, 1887-1921", *Libraries and Culture*, 28(4): 388.

---

[16] 同上註。

Fenster研究男性就讀圖書館學校後，目前仍從事圖書館事業的比例，發現國外男性就讀圖書館科系的人比率雖不高，但卻有一半以上（66%）的男性在讀完該系後仍持續在圖書館中工作，因此，男性會選擇圖書館系就讀與日後會願意從事圖書館工作的人較成正相關。[17]

陸、男性館員的工作類型、滿意度、薪資與發展

究竟男性館員在圖書館中的工作類型、工作滿意度、薪資與發展情形與女性有何差異？文獻研究情形如下：

1.工作類型

Carmichael以性別的觀點探究男性圖書館員，說明他們工作的立場並作訪問，他利用美國圖書館協會會員指南（1990-1991 ALA Membership Directory）隨機選擇列於其上的男性圖書館員（有482個有效回應者）作訪問，結果令人驚訝的是，多數的回應者均抱怨他們工作的性質，由於身為少數比例的男性，因此表現較為含蓄，而提拿或搬動重物是最頻繁的抱怨者，此訪問結果顯見男性也需要被解放。[18]

---

[17] 同上註。
[18] 同註 10。

　　張素娟研究國內大學圖書館員的工作類型，發現女性館員以任職圖書館技術部門者為大多數，較偏重編目及採訪，而男性館員之工作類型則偏重於企劃及行政方面，此與國外的研究趨於一致。[19]由於圖書館技術服務的工作（如分類編目）大多屬於細心的工作，而這種工作較符合女性細心的特質，而男性則多在管理及行政的部門發展。

2.工作滿意度

　　國內外對兩性館員在圖書館工作滿意度的研究，有男性館員在工作滿意程度的平均數高於女性館員，如Wahba（1976）、Horemstein（1993）、徐金芬（民國74年）及陶惠芬（民國88年）的研究均呈現這樣的結果；也有認為女性館員的滿意度高於男性館員，如Parmer & East（1989）的研究；而D'Elia（1979）、Lynch & Verdin（1983）、Kreitz & Organ（1990）及Kirfakhrai（1991）所做的研究調查則發現性別與工作滿意度之間沒有顯著相關。[20]

3.薪資

　　Harris的研究調查指出：圖書館學校所畢業的男性畢業生通常較女性獲得較高的薪資，因為女性在專業領域（如兒童圖書館學、編目）的貢獻較男性（如行政、主題書目員）為少；[21]Greiner調查圖

---

[19] 同註4，頁113。

[20] 同註6，頁30。

[21] H. S. White "Library managers－female and male," *Library Journal* 112: 2 (1987): 58-59.

書館事業中幾乎有三分之二的主管為男性所擁有，男性與女性的整
體差異為男性優於女性約18%；[22]Passet指出男性圖書館員通常較女
性穫得較多的薪資，但一些人儘管較其他相關職務的人所賺的錢還
少，卻容易心滿意足。[23]

　　但國內圖書館男性館員在薪資方面與女性相比較差異並不大，
此係由於國內圖書館之制度，並不以性別決定薪資高低，[24]故國內
沒有如美國性別歧視這方面的爭論。

4.發展

　　Greiner研究美國男性與女性圖書館主管在圖書館中發展的比較
中發現：女性主管較不像男性主管在一開始從事此職業便有想成為
主管的想法，將近三分之二的男性及少於一半的女性在從事此職務
前便已決定在這個行業能進展至更高管理的階層，他的研究並顯
示出擔任主管的男性一般均較女性主管為年輕或同年，且男性主
管較女性主管的工作經驗為相同或較少，另外他由資料分析顯示
出成功的男性主管職務將有助於婚姻，但成功的女性主管卻常因
而阻礙婚姻。[25]

　　而Harris等人的研究便說明兩性在圖書館事業工作的表現，通常
女性在圖書館的專門領域較為優秀（亦即兒童圖書館事業、學校

---

[22] 同註6，頁30。
[23] 同註7。
[24] 同註5。
[25] Joy M. Greiner, "A comparative study of the career development patterns of male and female library administrators in large public libraries," *Library Trends* 34: 259-89.

圖書館事業），但在聲望上卻往往較男性為低（如行政、主題書
目員）。[26]

　　Karr根據新版的圖書館與資訊服務名錄（The New Who's Who
in Library and Information Service）中研究如何成為圖書館館長，結
果發現在西元1981年時，全美圖書館幾乎有83%的主管全為男性（公
共圖書館為79%，學術圖書館為86%），相形之下，女性主管在美
國的主要圖書館僅佔極少部分，而探究這些男性主管的學歷背景在
大學時主修文學（佔75%，大多為英文與歷史），然後，再繼續取
得圖書館學碩士。[27]

　　胡歐蘭教授調查國內圖書館人力資源的情況，發現圖書館從業
人員以女性居多，而各類型圖書館除專科學校及專門圖書館的主管
女性多於男性外，整體而言，圖書館主管則以男性（60.6%）高於女
性（39.4%）。[28]

　　張素娟認為圖書館是一個女性佔大多數的行業，但比較圖書館
中館長與主任二職的性別百分比，女性卻少於男性，這種情形說明
了圖書館中高級主管的任用與性別有關，在考慮任用圖書館主管
時，男性顯然較女性佔優勢，當一個主管職位出缺，而擬尋找接替

---

[26] White, H. S. "Library managers – female and male," *Library Journal* 112: 2 (1987): 58-59.

[27] James V. Carmichael, "The male librarian and the feminine image: a survey of stereotype, status, and gender perceptions," *Library and Information Science Research* 14: 4 (1992): 411-46.

[28] 同註5。

人選時，男性通常較會優先考慮，而這種情形，可能是造成目前圖書館界男性主管多於女性主管的最大原因。[29]

以上研究均顯現：男性在圖書館中擔任主管的機會較多，發展較好。由於男性一向被認為可以勝任重責大任，因此，在工作升遷的機會顯然高於女性很多，加上男性館員對於圖書館工作環境的滿意度高於女性館員，因而較易受到主管的重視，於是在工作的升遷與發展上的滿意度便普遍高於女性館員。

柒、結語

近日閱讀嚴文郁先生撰寫《美國圖書館名人列傳》一書中，發現該書所列50名圖書館名人中有44名便是男性，由該書分析中可發現：大多數留在圖書館中的男性館員均是愛好讀書並對圖書館帶有濃厚的興趣，而願意留在圖書館中發揮所長，因而有較多的貢獻及傑出的表現，[30]足見圖書館員雖以女性居多，然而，優秀傑出的館員卻以男性居多。

當然，在兩性平權的時代，筆者為文目的主要在以客觀的角度就國內外文獻探究圖書館事業中男性館員的各種研究，希望藉此探討能消除傳統社會對男性從事圖書館事業之奇特眼光和負面的看法。筆者認為圖書館事業是個高尚的職業，而現今圖書館中仍有許

---

[29] 同註4，頁101。
[30] 嚴文郁，<u>美國圖書館名人傳略</u>（臺北市：文史哲，民國87年）。

多男性可以協助女性館員所無法承擔的工作，因此，圖書館中女性館員與男性館員的配置宜有適當比例，工作分配也應適才適所，才能使館內外的人際關係處於最佳狀態，並進而為圖書館事業作出更多的貢獻。

圖書館公共藝術設置之探討

透過國內圖書館公共藝術作品的案例，希望藉此培養讀者對於公共藝術的美學素養，並推展國內圖書館普遍設置公共藝術作品的觀念。

壹、認識公共藝術

到國外旅遊，經常會在各地發現公共藝術的作品，包括機場、捷運車站、公園、銀行、醫院、學校及交通要道等，而這些作品會讓遊客有驚奇的感覺，各種作品訴說著藝術家的創作理念或故事，讓我們對於藝術品的背景有所瞭解，也培養我們對於美學的素養和能力，開闊了我們的視野，因此公共藝術可讓民眾容易親近它，透過藝術的薰陶，提高民眾對藝術的興趣，進而增加民眾的美學素養，同時衍發教育的功能。

「公共藝術」（Public Art）概念係源自於美國費城西元1959年的「藝術經費法案」，屬社會福利政策，目的是為協助藝術家能藉此度過經濟蕭條的年代，後來轉為藝術教育及改造環境，進而強調社區營造，其內容和國內的「文化藝術獎助條例」差不多，亦即規定建築公共工程時，須提撥百分之一工程費，作為購置及陳設公共藝術品之用，後來各地仿效，於是各城市的大廈前，設置了各種雕塑品，其中有些實在是怪異，涵蓋面又太偏狹，於是各地法令逐步修改，目前以洛杉磯市的法令最完善。

　　西元1976年，美國國家藝術基金會正式推動1%的公共藝術計畫。西元1988年，當時的文建會主委陳奇祿派遣黃才郎赴美考察，帶回了以公共建築造價1%設置公共藝術的概念。隨後在文化團體及立委催生下，政府在西元1992年發布「文化藝術獎助條例」；文建會也在西元1998年宣布「公共藝術設置辦法」，開啟台灣的公共藝術之路。

　　近年來由於台灣急速的工業化、都市化，過度的開發，不但影響了生態平衡，也帶來市容景觀紊亂，因此乃開始規劃新建築物必須要設置公共藝術的觀念，藉以改善城鄉景觀、美化環境、提高生活環境品質。

　　依據國內「公共藝術設置辦法」第一條揭示「本辦法依文化建設獎助條例第九條第五項之規定訂定之。」該辦法源自於執行「文化藝術獎助條例第九條」之任務：「公有建築物應設置公共藝術，美化建築物及環境，且其價值不得少於該建築物造價百分之一。政府重大公共工程應設置公共藝術，美化環境。但其價值，不受前項規定之限制。供公眾使用之建築物所有人、管理人或使用人，如於其建築物設置公共藝術，美化建築物及環境，且其價值高於該建築物造價百分之一者，應予獎勵；其辦法，由主管機關定之。前三項規定所稱公共藝術，係指平面或立體之藝術品及利用各種技法、媒材製作之藝術創作。第一項及第二項公共藝術設置辦法，由主管機關會商行政院公共工程委員會及中央主管建築機關定之。」因此公共藝術也有人稱為「百分比藝術」即由此而來。[1]更精確的說公共藝術為：「一個具有公共性或議題性設置在公共空間中的視覺藝術作品。」

---

[1]　公共藝術設置作業參考手冊(臺北市：行政院文化建設委員會，民國 87 年)。

自民國81年「文化藝術獎助條例」立法以來，公共藝術成了國內近年來新興的顯學，也是政府大力推動的環境改造工程中極為重要的工作項目。頓時「公共藝術」在國內熱絡了起來，只要在生活間，稍加留神便不難發現。

設置公共藝術之功能包括表現當地文化特色、塑造都市之場所感與認同感、協助推動都市更新、從藝術家觀點詮釋藝術與環境之關係、增加藝術品之影響力、提供藝術家發展空間、促進社區組織、關心環境、提昇市民美學素養及啟發讀者環境美學的教育機會。

由於國內圖書館設置公共藝術的作品案例較少，因此筆者希望藉此主題探討公共藝術在圖書館設置的藝術實踐，以期做為其他圖書館日後設置公共藝術之參考。

貳、圖書館與公共藝術

書是人類的智慧結晶，作為藏書殿堂的圖書館，兼負著保存人類智慧結晶之任務，其不單是閱讀的場所，在國外更是研究的重鎮。美國許多大都市的公立圖書館，館舍本身就是經典建築，成為美國文化的資產之一。

近幾年來，圖書館隨著藏書日增，原有館舍逐漸不敷使用，所以不少圖書館紛紛擴建或另覓新址興建。拜「百分比藝術法案」之賜，新的圖書館皆設置藝術品，使圖書館既是書的寶庫，也成為藝術的殿堂，如洛杉磯公共圖書館（Los Angeles Public Library）、西雅圖圖書館（Seattle Public Library）、紐約市立圖書館（New York

Public Library）與芝加哥哈洛華盛頓圖書館等（Harold Washington Library Center）都有不少公共藝術作品。

西元1986年洛杉磯中央圖書館（Los Angeles Central Library）遭人縱火，建築物與藏書損失慘重，因為該建築物初建於1926年，已被列為國家級古蹟，為了籌措整建經費，乃將原建築物未使用的樓地板面積，出售予建築投資商，興建超高層的「第一州際世界中心」。圖書館原本的立面有許多雕塑品，多以文明與學習為主題，並附有銘言，諸如：「在真實的世界我們活在當下，在書的世界我們活在永恆」。「洛杉磯重建局」將建築物上的裝飾亦視為重要的文化資產，「中央圖書館」內外就有眾多值得細心欣賞的藝術品。[2]

西元1991年10月，芝加哥哈洛華盛頓圖書中心落成，這幢耗資一億四千四百萬美元，號稱全球最大的開架式市立圖書館，館內有四十餘件公眾藝術品。位於七樓的作家室，由水彩與複印圖案拼貼而成的作品，有一段不尋常的故事。藝術家羅亭帶著一羣高中生利用暑假在圖書館研讀芝加哥作家的書籍，每個學生以繪畫方式來寫讀書報告，羅亭挑選了七十五幅，將之拼組題名「美國」。透過參與，學生們有了一個充實的暑假，圖書館有了一幅特殊的畫作，芝加哥市民擁有了一件非凡的公共藝術品。[3]

耗資二億美元整建暨加建的洛杉磯中央圖書館，是該市極著名的史蹟建築，西元1993年以嶄新面貌服務大眾，開館時最惹人注目

---

[2] 黃健敏，「LA 市區公共藝術徒步導覽」，洛杉磯（臺北市：墨刻出版，民國 93 年），頁 38-44。

[3] 黃健敏，「文學故事之 4 童趣的圍牆」，聯合報，民國 89 年 3 月 1 日，37 版／聯合副刊。

的便是伴隨建築物的十餘件公共藝術品。例如：童書作家蘇西在書中對孩童們的忠告「書讀得越多，知道的將越多。學習得越多，到過的地方就越多」，被鏤刻在第五街的圍牆，推廣閱讀的企圖，很巧妙適當地融入環境，透過藝術的手法達成目標。[4]

該館在工程進行中，獲得來自「第一州際世界中心」的30萬美元經費，在館內外設置了許多出乎人們想像的藝術品，如新館電梯廂牆面的廢棄圖書索引卡，大廳處的吊廳與柱式燈籠、庭園鐵柵圍牆上鐫刻圖書分類，台階處以多國不同語文寓涵藏書的豐富等。最突出的是從花階入口處，沿著台階、噴泉、水池，以不同的符號創作出許多有趣的題材，象徵著人類文明的演進。[5]因此洛杉磯中央圖書館是愛好藝術者不容錯過的好地方，建築與藝術都有值得欣賞之處。由此觀之，圖書館設置公共藝術的功用不僅可以美化我們的圖書館環境，並可以提昇讀者的美學素養，讓讀者在閱讀之餘有點休憩的功能，並且可以讓自己舒緩一下，改變自己的心情，讓人有溫馨之感覺，而不會讓讀者覺得圖書館是一座冷冰冰的建築物。[6]

國立中央圖書館臺灣分館本次公開徵選出的公共藝術作品之表現方式則有別於圖書館往例的作品，例如閱覽區二至四樓挑空區的作品「在綠裡盹一下」便是以編織藝術的方式呈現；入口大廳的作品「美麗之島」是以科技藝術呈現，八二三紀念公園（原為中和公

---

[4] 李漢昌，「都市更新向洛杉磯取經」，聯合報，民國82年1月8日，第15版／都會掃描。

[5] "Art & Architecture in CentralLibrary"，< http://www.lapl.org/central/art_architecture.html > （2005/10/28）

[6] 黃健敏，美國公共藝術（臺北市：藝術家出版，民國81年），頁80。

園）四周照明設計作品「變色龍」是由國內燈光設計最具權威的姚仁恭先生所設計；另外，入口廣場藝術家黃清輝先生與演講廳門廳設計藝術家蔡淑瑩小姐均是國內經常獲獎的藝術家，這些都是央圖臺灣分館公共藝術作品的特色，也值得書寫與記錄。

參、國內設置有公共藝術作品之圖書館

根據筆者查閱行政院文化建設委員會歷年來所編輯的《公共藝術年鑑》，發現國內圖書館設置公共藝術作品大多以鼓勵讀者努力向學的作品居多，以下簡介目前國內圖書館設置公共藝術作品的範例以提供讀者欣賞。

表1-5-1　國內設置有公共藝術作品的圖書館

作品主題	作者	材質	地點	經費
讀書樂	余燈銓	不鏽鋼	國立高雄師範大學附屬高級中學	144萬元（含晨曦）
書韻之美——懷素臨帖	許偉斌	不銹鋼板、防水夾版、玻璃纖維	台北市立圖書館景新分館	140萬元
悅讀	陳　松	銅	台中縣沙鹿鎮深波圖書館	60萬元
黃金屋	王國憲	大理石	台中縣沙鹿鎮深波圖書館	60萬元
又見樹又見林	朱邦雄	陶璧	國立高雄餐旅學院圖書資訊大樓	約150萬元
書香滿行囊	朱邦雄	陶璧	國立高雄餐旅學院圖書資訊大樓	約150萬元
智慧	賴純純	青銅	國家圖書館	約314萬7千元(含.com)
.com	賴純純	不鏽鋼	國家圖書館	約314萬7千元（含智慧）

圖1-5-1　讀書樂

名　　稱：讀書樂

藝術家：余燈銓先生／臻品藝術文化有限公司

地　　點：802高雄市苓雅區凱旋二路89號　國立高雄師範大學附屬高級
　　　　　中學綜合大樓川堂入口左側平台

創作年代：西元2002年

尺　　寸：
　　　　　趴姿男孩：98公分×35公分×37公分
　　　　　坐姿男孩：52公分×46公分×38公分

作品說明：　　或趴或坐的閱讀神態自在無拘，沒有城市的喧囂與緊湊，
　　　　　讓觀者心中產生悠閒與寧靜的讀書樂趣，同學間互相陪伴讀書
　　　　　的舒暢，讓讀書成為輕鬆愉悅的樂趣，為校園營造溫馨的讀書
　　　　　氛圍。

圖1-5-2　書韻之美－懷素臨帖

名　　稱：書韻之美－懷素臨帖

藝 術 家：許偉斌先生／橘園國際藝術策展股份有限公司

創作年代：西元 2002 年

尺　　寸：240 公分×70 公分×5 公分×4 組（單位：公分）

材　　質：不鏽鋼板、防水夾板、玻璃纖維

地　　點：116 台北市文山區景後街 151 號 台北市立圖書館景新分館後方小廣場

經　　費：140 萬元

作品說明：　置放在圖書館後方圓形小廣場牆面，選「天地玄黃、宇宙洪荒、寒來暑往、秋收冬藏」等字句，代表宇宙時空運轉的事實。

圖1-5-3　悅讀

名　　稱：悅讀

藝 術 家：陳　松先生

創作年代：西元 2002 年

尺　　寸：70 公分×70 公分×70 公分（單位：公分）

材　　質：銅

經　　費：60 萬元

地　　點：台中縣沙鹿鎮鎮南路二段 488 號　鎮立公園　深波圖書館研習
　　　　　教室前

作品說明：　　因設置地點臨近圖書館，作者以三位孩童為主角，雕塑他
　　　　　們共同研究功課學習的喜樂。

圖1-5-4　黃金屋

名　　稱：黃金屋
藝 術 家：王國憲先生
創作年代：西元 2002 年
尺　　寸：250 公分×250 公分×300 公分（單位：公分）
材　　質：大理石
經　　費：60 萬元
地　　點：台中縣沙鹿鎮鎮南路二段 488 號　鎮立公園　深波圖書館前
作品說明：　　「書中自有黃金屋」的俗諺為出發點，勉勵人們要從書中
　　　　　　　學習相關知識，兩本具象的書上置設一座房子，表現手法直接
　　　　　　　明顯。

圖1-5-5　書韻之美－筆韻

名　　　稱：書韻之美－筆韻
藝 術 家：許偉斌先生／橘園國際藝術策展股份有限公司
創作年代：西元 2002 年
地　　　點：116 台北市文山區景後街 151 號　台北市立圖書館景新分館入
　　　　　口左側
經　　　費：140 萬元（含《懷素臨帖》）
作品說明：　　位在景新分館正門口的《筆韻》，材質是不鏽鋼與黃銅，選
　　　　　用自古以來中國人最重要的書寫工具之一－毛筆為意象，詮釋
　　　　　圖書館以文字記錄歷史傳承與文明發展的重大意義，除了物件
　　　　　本身放大增強量感，強化視覺效果，現成物也有「承載時間」
　　　　　與「歷經歲月洗禮」。

圖1-5-6　智慧

名　　稱：智慧
藝　術　家：賴純純
地　　點：國家圖書館門口
創作年代：西元 2006 年
作品說明：　　作品「智慧」以青綠色的書冊卷形式呈現，「汗青」為古書
　　　　　　冊製作的一道工序，現今以汗青比喻為書冊及史書。作品雕刻
　　　　　　的文字內容以許慎：「說文解字」說明漢字的發明帶來中國浩瀚
　　　　　　的知識與傳承，書卷內文由右向左排序向內收藏，文字以漏空
　　　　　　捲起如書卷的形式象徵圖書館的藏書及開卷有益的意含，夜間
　　　　　　燈光由漏空文字向外發散出來，象徵人類文明知識的建立累積
　　　　　　與無盡的展延，代表著國家圖書館是國家智慧的標籤。

圖1-5-7　.com

名　　稱：.com
藝 術 家：賴純純
地　　點：國家圖書館地下一樓
創作年代：西元 2006 年
作品說明：　　作品「.com」以現代數位化的概念發想，以四個不同外文
　　　　　編寫設計轉換圖案。將古往今來的各式知識智慧藉由網路無遠
　　　　　弗屆的形式轉化網路數位化，無限制的讓人們搜尋資料，得到
　　　　　知識。藉助資訊網路科技之進步，提供使用者方便快捷的文獻
　　　　　傳遞服務，達成無牆圖書館之理想。

肆、央圖臺灣分館選定之公共藝術品介紹

國立中央圖書館臺灣分館民國九十三年於中和八二三紀念公園落成啟用，依據文化藝術獎助條例規定新建築物須設置公共藝術。由於整體工程總預算共計約新台幣二十億元，因此圖書館也分配約兩仟萬元的經費規劃公共藝術作品，這是國內圖書館建築史最多經費的公共藝術案件。

該館以公告方式徵選及邀請比件之方式採兩階段評選（初選、決選），並經評審會議評選出適當之設置方案，聘請堅強的評審陣容在審慎的評審之下，作品經過初選、決選後，優秀作品終於產生，所徵選到的五件藝術作品，以下分別介紹之：

第一設置點：入口廣場

藝術家黃清輝先生以石雕藝術創作見長，知名作品「牧」，成為參觀高雄公共藝術作品的必經路線之一。本案例作品「書海倘佯」，亦延續藝術家最為熟稔的媒材，將基地的功能與特質，藉由作品做最直接且無需言語的藝術表達，讓作品與基地有了最貼切的對話與傳達可能。

圖1-5-8　書海徜徉

藝　術　家：黃清輝先生
作 品 名 稱：書海徜徉
設 置 地 點：入口廣場
創 作 年 代：西元 2005 年
尺寸與重量：1200cm×300cm×120cm 重約：12 噸
材質與顏色：和平白大理石、印度黑花崗石
經　　　費：新台幣 400 萬元
創 作 概 念：　　作品以大理石雕刻完成，將書本與鋼琴琴鍵結合，融入
　　　　　　　戶外家具的型態，呈現在入口廣場，讓藝術創作展現親和力，
　　　　　　　也提供公共空間一個全新的視覺經驗。

第二設置點：演講廳門廳

　　面對厚實的群經眾書，有多次公共藝術實務設置經驗的藝術家蔡淑瑩小姐，巧妙地應用穿透迴旋的虛實空間營造，將作品「揮灑、滲透、停駐」帶入門廳空間裡，將閱覽者滿載豐實的精神糧食之當下，透過作品的氛圍營塑，有了喘息、吐納、及沉澱的調適。

圖1-5-9　揮灑、滲透、停駐

藝　術　家：蔡淑瑩小姐
作 品 名 稱：揮灑、滲透、停駐
設 置 地 點：演講廳門廳
創 作 年 代：西元 2005 年
尺寸與重量：

　　　　　六組懸吊物　4.51m×3.98m（約 38kg），2.97m×2.07m（約
　　　　　36kg），2.45m×1.39m（約 21kg），0.85m×1.0m（約 8kg），
　　　　　2.98×1.36（約 36kg），1.48×1.27（約 18kg）3.2m 高，20
　　　　　公分直徑金屬筆（不含內部結構型鋼約 40kg）

材質與顏色：金屬灰色不鏽鋼
經　　　費：新台幣 250 萬元
創 作 概 念：　　以意念為筆，視空間為紙，向天空揮灑文墨，將文字編
　　　　　結成夢想與知識的網，流轉撒落於各個角落。

　　　　　　　以金屬筆柱及金屬片編織成「揮灑」於空中的立體墨跡，
　　　　　表達圖書館作為知識儲存的空間，存放的不止是文字筆墨，
　　　　　而是人類思想與創造力的記錄；圖書館的功能也跨出儲存及
　　　　　閱讀的功能，更一步以多樣化的藝術活動「滲透」進了市民
　　　　　的日常生活，使圖書館成為所有人「停駐」的場所。

第三設置點：閱覽區二至四樓挑空處

　　年輕藝術家崔惠宇小姐，於公共藝術領域中雖如黃鶯初啼，然卻展現令人耳目一新的清新氣息。配合基地滿藏經書的祥和環境，作品「在綠裡盹一下」，讓所有孜孜不息的好學民眾，偶或閉目養神之際，透過其貼心的關懷，恍若呼吸到最新鮮的清爽空氣及盎然綠意。

圖1-5-10　在綠裡盹一下

藝 術 家：崔惠宇小姐
作 品 名 稱：在綠裡眈一下
設 置 地 點：閱覽區二至四樓挑空處
創 作 年 代：西元 2005 年
尺寸與重量：尺寸：高 690cm×寬 450cm×長 715cm，調整尺寸 6%
重　　　量：約 300～350 公斤
材質與顏色：金屬鋼架、鐵絲、壓克力、織布
經　　　費：新台幣 250 萬元
創 作 概 念：　　在現代，閱讀不再是一種嚴肅或具有目的性的行為，它
　　　　　　　已被塑造成一種優雅、愜意的生活方式。正襟危坐的閱讀已
　　　　　　　經無法讓人的心靈感到滿足，進行閱讀的行為，就像預備進
　　　　　　　入某種時空的狀態，讓你透過書本的閱讀及思維，到達引人
　　　　　　　留連忘返的祕境。

　　　　　　　　　本作品使用原始物件（植物）作為延伸此區精神的概念，
　　　　　　　欲使閱覽者可以藉由最自然的意像，進入一種閑逸的狀態
　　　　　　　中；另外，所參入的虛幻元素（如漂浮在空中的透明空間），
　　　　　　　企圖帶領民眾在閱讀之餘，透過想像的奔馳，提供一種奇幻
　　　　　　　如夢境般的自在。

第四設置點：入口大廳

　　以機械動力媒材見長之藝術家陶亞倫與劉中興先生，在重要公共藝術案例中，皆可見到其將當代藝術帶入公共藝術領域中。本案例為陶亞倫先生與劉中興先生延續其對機械科技媒材之風格，針對基地特色，所創作的作品「美麗之島」，藉由多媒體裝置藝術，展現基地人文涵養與品質。

圖1-5-11　美麗之島

藝　術　家：陶亞倫、劉中興先生
作 品 名 稱：美麗之島
設 置 地 點：入口大廳
創 作 年 代：西元 2005 年
尺寸與重量：

> 750cm×750cm×75cm（數量：2）W：約 300kg
> 150cm×150cm×90cm（數量：2）W：約 200kg
> 尺寸依現場柱間實際尺寸為準

材質與顏色：不鏽鋼拋光，動態投影
經　　　費：新台幣 680 萬元
創 作 概 念：　　「美麗之島」以新媒體技術的開拓性手法，結合雕塑主體統整空間，利用公共藝術的形式特性，推展出一個巨大輿圖式的情境場，呈現出本館的主體精神與館藏特色。在人與土地的直接觀看中，以宏觀與微觀的角度同時切入，依圖式時間的行進，居歷史的角度，從當下推展未來，在本館的主廳位置提點出無可取代的文化整體訴說。

第五設置點：八二三紀念公園（原中和公園）四周照明設計

將實用功能與藝術創作做正面結合的作品「變色龍」，即是透過具藝術品質的燈光照明設計，取代原模組式的制式傳統照明設計，為整體基地營造具深厚人文意涵之藝術氛圍，無形中亦為基地周遭環境帶來書香滿溢、人文雋永的藝文氣息。

圖1-5-12　變色龍

藝　術　家：姚仁恭先生

作 品 名 稱：變色龍

設 置 地 點：中和八二三紀念公園（原中和公園）四周

創 作 年 代：西元 2005 年

材質與顏色：鍍鋅管、壓克力板、LED

經　　　費：新台幣 400 萬元

創 作 概 念：　　以最先進的變色之 LED 半導體照明科技，融入古代神龍的造型，整合出現代的街燈設計。除了主要燈頭之反射板（Reflector）設計，提供足夠的道路配光分佈（Photometric Distribution）外，燈頭之設計並考慮適度的視角切線（Visual Cut-off Angle），以避免車行時之眩光（Glare）。主要燈頭後方之弧型透光板為神龍之背鰭，下方之兩片為神龍之前足。此三片弧型透光板均可變化顏色，有呈現動態的光影，用以代表神龍的活力。燈桿上附有兩組橫桿，可供吊掛活動旗幟之用，同時也做為神龍之翅膀。

伍、辦理公共藝術案經驗及應注意事項

　　一般而言，辦理公共藝術案是每個圖書館前所未有的經驗，筆者僅就辦理公共藝術案的經驗提供以下幾點供參考：

一、圖書館應成立公共藝術執行小組與評選小組：圖書館應依據公共藝術設置辦法第六條之規定成立公共藝術執行小組，各委員應將本圖書館欲表達的作品特色與藝術品的設置理念陳述於簡章內，執行小組委員除可對該館提出建言外，亦可做為該館公共藝術案諮詢的顧問；評選小組則負責招標業務的專業評審。

二、承辦館員最好有美學及政府採購法經驗：館長於館內應指派富有美學及採購法經驗的館員組成公共藝術小組負責業務，俾能對該館希望設置的美學理念表達清楚，由於辦理公共藝術行政業務繁雜，因此承辦館員的角色就像是圖書館與藝術家及公共藝術執行小組的溝通橋樑，除了在採購招標除要非常熟悉政府採購法的條文外，還要暸解公共藝術的相關法規，在文書行政作業也要面面俱到。

三、承辦館員應吸收新知並多參與公共藝術講習與活動：新設立的圖書館幾乎都無公共藝術的前例經驗可循，因此承辦館員應多參加文建會每年所辦理的公共藝術講習及活動，多閱覽公共藝術專業書籍及期刊並注意相關法規，方能多充實公共藝術的相關經驗。

四、公共藝術作品設置過程要注意公共安全：由於公共藝術作品在圖書館施工時，應注意讀者安全，例如圍繞黃色警示線或張貼公告、裝設警示燈等提醒讀者，以防讀者進入設置區域，避免不幸災害發生。

五、要辦理民眾參與活動：圖書館公共藝術品一旦施工完成，可製作簡介摺頁，並透過開幕活動、導覽機會、辦理作品說明會或拍攝光碟的影片介紹，以推廣讀者對於公共藝術的認識，請藝術家對於作品的創作理念作說明，俾能提昇讀者的美學素養。

六、作品設置後要定期維護與管理：當公共藝術作品完成後須請藝術家撰寫維護及管理手冊，以指導館員未來維護或保養的參考，館員也要定期做好維護，如此作品才能歷久彌新。

陸、結語

公共藝術的設置對於圖書館在美化環境，或是調適讀者的心靈與美感都有正面的意義。目前國內許多剛硬的建築物或機關（包括法院、醫院及議會等）也都開始有公共藝術作品的進駐，藉由作品讓大家在潛移默化中感染藝術氣息並遠離嚴肅的風格，令生活環境擺脫陳俗，為環境增添親切可感的情趣。

其最大功能在於展現所處區域的文化特質，藉此凝聚居民共識，激發鄉土情懷，達成文化傳承之任務並改善都市生活品質。因

此從因時、因地、因人之相異而有不同的展現，從生態、環境、景觀、建築、藝術等角度切入則會得到多元的公共藝術觀。

國立中央圖書館臺灣分館新徵選的公共藝術作品，是近年來國內圖書館界最大的公共藝術設置案，藉由公共藝術作品設置，將使該館成為藝術與人文盛宴之地，為促進民眾美學素養的提昇，該館藉由民眾參與，積極加入民眾的意見，使相關公共藝術之設置為民眾所認同與親近，進而帶動藝文活動在雙和地區的蓬勃發展，提昇鄰近社區人文生活內涵。

期望未來國內每個新建的圖書館都能徵選到合適的公共藝術作品，使更多的讀者喜歡親近圖書館，豐富讀者的藝術生活，讓大家一起努力營造圖書館的美感，使我們的圖書館隨著藝術的發揚而綻放光芒！！

參考書目

1. 國立中央圖書館臺灣分館遷建工程公共藝術設置計畫書（臺北市：國立中央圖書館臺灣分館，民國93年10月30日）（未出版）。
2. 教育部所屬國立中央圖書館臺灣分館遷建工程公共藝術徵選結果報告書（臺北縣：國立中央圖書館臺灣分館，民國94年4月15日）（未出版）。
3. 公共藝術設置作業參考手冊（台北市：行政院文化建設委員會，民國87年）。
4. 文化白皮書（台北市：行政院文化建設委員會，民國87年）。
5. 八十七年公共藝術年鑑（台北市：行政院文化建設委員會，民國87年）。

6. <u>八十八年公共藝術年鑑</u>（台北市：行政院文化建設委員會，民國88年）。
7. <u>八十九年公共藝術年鑑</u>（台北市：行政院文化建設委員會，民國89年）。
8. <u>九十年公共藝術年鑑</u>（台北市：行政院文化建設委員會，民國90年）。
9. <u>九十一年公共藝術年鑑</u>（台北市：行政院文化建設委員會，民國91年）。
10. <u>九十二年公共藝術年鑑</u>（台北市：行政院文化建設委員會，民國92年）。
11. Malcolm Miles著，簡逸姍譯，<u>藝術‧空間‧城市－公共藝術與都市遠景</u>（台北市：創興，民國91年）。
12. 行政院文化建設委員會公共藝術網站＜http://publicart.cca.gov.tw/home.php＞（94.10.10）（本文部分作品照片係引用自該網站）

圖1-5-13　香港中央圖書館以閱讀方式呈現的公共藝術

圖1-5-14　香港中央圖書館以「世界就是我的書」呈現之公共藝術

從美學觀點探討圖書館的佈置與裝飾

　　隨著國民素質的提高，圖書館經營除了專注於讀者服務與技術
服務外，尚需藉由環境的佈置與裝飾，以締造一個良好的館舍環境，
使館員及讀者共同沉浸於書香之中，本文即以美學之觀點提倡將圖
書館佈置與裝飾塑造成溫馨而愉悅的閱讀環境。

壹、前言

　　圖書館不僅是一建築物，它還提供有許多服務，為吸引讀者前
來利用，館員應設法將其佈置成溫馨的環境。當圖書館未經過佈置
或美化，讀者會覺得圖書館不夠溫馨，甚至覺得它是一棟冷冰冰的
建築物，不容易親近，與圖書館將有所距離而不致久留，尤其現今
網路的發達與盛行，許多資訊皆能彈指可得，因此，如何使圖書館
變得柔和而有魅力，並能吸引讀者樂意親近，應該是館員亟待思考
的問題，讓讀者前來圖書館不僅是求知，且能在優雅休閒的環境下，
培養美的心情。

　　筆者在走訪國內外大小圖書館後，與國內之圖書館相比較，發
現國外圖書館較重視佈置與裝飾，包括外形建築及館內各空間的美
化與佈置，均予人一種溫馨的感覺；而國內圖書館則較缺乏這樣的
佈置理念，或許這和國內圖書館人才培育長期以來只著重訓練館員

在資訊的蒐集、採購與檢索服務等專才訓練，而沒有美學訓練的相關課程有關。

現今的資訊時代，有許多讀者經常是在辦公室或家裡利用圖書館網站的電子資料庫便可蒐集資料，因此圖書館若要吸引讀者，一定要像百貨公司一樣重視佈置，要辦理相關的推廣活動才能吸引顧客（即使用者）前來利用，例如：全台灣唯一一座的小小世界外文圖書館，擁有兩萬多本的外文書，包括安徒生繪本、格林童話，還有許多英文卡通電影，全部都放在佔地兩百多坪，佈置成知識森林的空間裡。開幕兩年來，便深受大小朋友的歡迎，親臨其中的人，不只睜大了眼睛，聚精會神地注視，嘴巴還不停發出讚嘆，因為每翻一頁都有一個驚奇，即以愛麗絲夢遊仙境的故事情節而言，竟然可以活生生的立體呈現，如此匠心獨運的設計，在吸引小朋友目光的同時，更重要的是提高他們學英文的樂趣。[1]

所以，將圖書館做佈置與裝飾之設計，將能突顯圖書館建築的豐采及文化內涵，做到多樣化、藝術化與人性化，將有意義的主題裝飾設計，才能表現圖書館蘊蓄靈心慧性的內涵與魅力，也更能使讀者愛上圖書館，甚至迷戀圖書館，進而努力汲取知識的菁華，則圖書館的效能將更有進境。

---

[1] 常聖傳、宮仲毅報導，「全國唯一外文圖書館佈置像森林」，民視新聞 2004年 11 月 11 日。

貳、圖書館佈置與裝飾的理念

《美學百科全書》對於佈置裝飾的定義為結合建築的功能、結構特點和審美要求，對於建築物和環境加以專門的修飾處理，使之產生更為強烈的影響力，自然也包括佈置擺放一些必要的具有審美意義和紀念意義的東西。[2]另外，大陸2006年新編圖書館學情報學辭典中對於「圖書館美學」（library aesthetics）的定義為「研究人們對圖書館這一社會存在的審美關係和審美意識的學科，是美學原理在圖書館領域應用的一門新的分支。由於人們對現實的審美關係和審美意識主要表現在藝術當中，故其研究的主要對象是圖書館的建築造型藝術、環境佈置藝術、服務硬體設施的人性化設計、服務軟體的友好性和圖書館社會形象等」，[3]足見圖書館已逐漸從傳統的實用面走向利用各種藝術美學觀念來佈置及裝飾圖書館，藉之吸引讀者前來利用的層次。

圖書館佈置與裝飾是一種綜合性的圖書館文化，具有很明顯的高品味、高層次的佈置裝飾，其寓意也絕非一般，可以把人的心靈震撼、靈魂啟迪、知識擴展，以及人的精神逐漸提昇，[4]其最終目的在於創造一個適於藝術教育功能發揮的環境與氛圍，使受教育者置身於其中，能耳濡目染、潛移默化地得到情感的陶冶、精神境界的

---

[2] 李澤厚、汝　信名譽主編，美學百科全書（北京市：社會科學文獻出版社，1990 年）。

[3] 丘東江主編，新編圖書館情報學辭典（北京市：科學技術文獻出版社，2006 年），頁 609。

[4] 張煒，「淺論高校新建圖書館的布置裝飾問題」高校圖書館工作，第 4 期（1998 年），頁 45-48。

純淨、思想道德修養的提高，從而達到素質的全面發展及社會文明的發展。[5]

Leslie Burger提到如何讓孩子從小即培養閱讀的習慣是圖書館推動閱讀活動的重點，此外，要將人們從便利的e化學習環境中，再度帶回圖書館，更需要圖書館從業人員費思量。她說營造一個適合閱讀的空間很重要，包括：將圖書館佈置成有書店的感覺，桌椅以及陳設的顏色、樣式以及使用的便利性，同時也要有人性化以及具有家的感覺擺飾……等，諸如以上的細節都需要設計。

因此，不管是建築也好、室內佈置也罷，最常遇見的問題是如何在實用與美觀之間找到平衡點，如何在實用之餘兼顧美觀，而不要在美觀的意識下，去取捨實用。圖書館的功能是提供利用及保存文獻資料，因此，應以實用為主，美觀為輔來規劃圖書館，以便日後的伸展，才不會讓圖書館淪為倉庫。[6]

參、如何佈置圖書館的優雅環境

圖書館是人類文化知識的寶庫，是一種兼具古代文明與現代文明的文化建築，它的發展歷史無不呈現著人類文化、文明的歷史進

---

[5] 陳道輝，「南京財大仙林圖書館裝飾設計的思考」，山東圖書館季刊，第3期（2004年），頁110-112。

[6] 釋大福，「地藏院般若圖書館空間規劃經驗談」，佛教圖書館館訊，第8期（民國85年12月），＜http://www.gaya.org.tw/journal/m8/8-index.htm＞（2005.10.1）。

程與時代背景。人們往往把圖書館建築本身看作是文化藝術的象徵、一個地區甚至是一個時代文明的標誌。

因此將圖書館美學應用在空間設計規劃上，可以先考慮其腹地，在進圖書館前應有一使讀者心情沉澱之空間，然後進入圖書館後，便要開始是一系列經過設計且便利讀者使用的動線。

一棟偉大的建築物，能使人類覺得渺小，想去求知，若館內有盆栽、擺飾、名畫來烘托圖書館的美，在與古人神交中，看出美的永恆。圖書館是閱讀氣氛的表徵，而非在資訊洪流中迷失。究竟圖書館應如何佈置成理想的環境，筆者以在服務圖書館及參觀各圖書館多年的經驗後，提出以下的觀點：

一、溫馨的燈光照明

光線在圖書館中可讓讀者瞭解圖書館佈置的環境，如何使圖書館各區域能獲得最理想之採光，特別是自然光線，一直是建築、室內設計師們所重要的一個課題，因此在圖書館設施上宜採用人工照明與自然採光相結合，自然通風與局部空調相結合的原則。在人工照明的安排方面，閱讀環境中光的照明度給人的感覺大不相同。光線明亮、照明度適當的光度將能使讀者心情愉快，增強記憶力，提高館員之工作效率，燈光原來就是氣氛的魔術師，必須審慎設計使用。

鵝黃的燈光令人覺得溫馨，白光燈感覺明亮，但較寒冷，卻適於長時間閱讀使用。因此，氛圍的營造可以來自圖書館內的燈光設計，交替搭配角落的上照燈、桌面或上方的閱讀燈、強調牆面掛畫

的鹵素燈等等，比起其他硬體設備的投資所費不多，但卻可以變換不同的閱讀氛圍。

　　圖書館內的照明燈光應以綠色節能，宜採用高效能、長壽命、節能及環保的光源和燈具。在燈飾的選擇上，應注意色彩和造型與圖書館內部環境整體設計風格的協調與統一。[7]

二、配合節慶的佈置

　　圖書館可配合民俗節慶或節日來佈置圖書館的環境，例如國內較常過的節日是三大節慶（春節、端午節及中秋節）、還有聖誕節及圖書館週（每年十二月一日至七日），配合節慶佈置，將使讀者能感受到節慶或年節之氣氛，當新年到來，便可佈置富有喜氣富貴的節日氣氛（見圖1-6-1）；當聖誕節到了便可在圖書館的大廳佈置一顆聖誕樹，上面放滿禮物或留言卡片，寫上一些祝福的話語，為聖誕節揭開序幕，這些都是不錯的佈置方式，也可請讀者一齊來用心佈置圖書館的聖誕樹。

　　另外，圖書館網站的首頁亦可配合節慶更動為年節的設計，讓上圖書館網站的讀者有耳目一新之感覺。

---

[7] 夏青，「人性化的圖書館室內裝飾」，圖書館建築，2003 年第 16 卷第 2 期（總64），頁 11-13。

圖1-6-1　圖書館新年節慶的佈置

三、館內外綠化的佈置

　　綠化不僅能美化環境、襯托建築物、增加藝術效果，更重要的是改善小氣候、淨化空氣、防止污染、陶冶心情、有益于保護眼睛，增加活力，還能消除疲勞、提高工作、學習效率的作用，還具有防塵、滅菌、改善室內空氣品質及美化環境的功能，更能增添雅興、怡情怡性，給人一種情緒上的安定感。[8]在圖書館內、外周圍環境擺設盆栽，將使圖書館顯得生氣勃勃，帶動讀者使用圖書館的氣氛，

---

[8]　李再華，「論圖書館環境綠化裝飾」，河北科技圖苑，1997 年第 2 期（總 36），
　　頁 33。

若能以巧思營造生意盎然、充滿生命力的閱讀環境，會帶給我們生命的熱力與希望，因此，依館內場地與陳列點之特性與客觀條件，將庭園、辦公環境與閱覽空間裝置高雅的花材或人工造景，讓綠意美景不只成為生活中的視覺享受，亦是知性情意的提昇。

　　譬如在圖書館四週擺置室內盆栽，不但能綠化環境，還可以減壓，讓人精神氣爽，並帶來好運氣（見圖1-6-2）。而綠色植物所散發出的新鮮空氣，將使人感到無比的清新並有朝氣。身臨斯境除享受到圖書館所提供豐富知識資源外，讀者賞心悅目於園藝美景中，勢必也肯定它是怡情、逸志最佳場所。

圖1-6-2　圖書館盆栽的綠化

四、指引標語應清楚明確

想要設計吸引人且舒適愉快的環境來增強圖書館的利用，館內、外就必須要有清楚的指標來增加其可用性，因為大多數圖書館都沒有足夠的人員駐在所有服務崗位上，而指標就是他們最好的協助，它可以幫助那些不熟悉圖書館的人促成自助式的服務，並且減少館員重複的諮詢問題。[9]為了維持適當的秩序，圖書館常不得不張貼一些標語，但常令人感到教條化，僵硬呆板。但是為了提醒讀者，有時還是不得不為。對於必要之標語如果可以加點巧思，除了可以收到提醒告知之效外，有時還可兼具美觀活潑化的效果，像是香港大學對於標語的設計就頗富巧思，精緻的標語讓人忍不住想多看幾眼。

圖書館內無論是標示、指引或是禁止的標語，除了能讓讀者一目了然外，語氣也盡量以親切、緩和之文字予以提醒，甚或可以用比較俏皮、或者別具創意的方式，以柔性化的方式提醒讀者，讓他們能處處感受到圖書館服務的貼心與誠意。[10]

另外，圖書館有相關的活動辦理時，可在建築物外懸掛布條或LED顯示器廣告的方式吸引外在讀者的注意，並在專設的海報架公告活動訊息，而不要任意張貼海報，以免予人覺得有建築物貼膏藥之低俗感。

---

[9] 沈寶環等編著，圖書館學概論（臺北縣：國立空中大學，民國 81 年），頁 173。
[10] 陳雪華、楊捷扉，「公共圖書館氛圍的塑造」，書香遠傳，第 1 期（民國 92 年 6 月），頁 39-42。

五、佈置適當書畫及藝術品

　　書畫及藝術品在圖書館中有美化的作用，除可代表圖書館所顯現的藝術氣質外，還能有砥礪讀者的作用，因此，圖書館可以將勉人讀書的詩辭對聯及書法藝術作品佈置，例如：翁森的「四時讀書樂」詩、朱熹的「觀書有感」詩；對聯則有「藏圖書報刊浩如煙海，欲進德修業宜入寶山」、「春風有形在流水，古賢寄跡於斯文」、「無盡波濤歸學海，長春花木在詞林」等都是引人入勝的對聯佳句，這類藝術品可說明讀書的樂趣和重要，及暗喻學問精深是源自於不斷學習的道理。圖書館若能將書畫及雕刻等藝術品佈置在牆面或櫥櫃上，將使讀者在閱讀的環境中能對讀書的觀念有新的體悟。（見圖1-6-3）

　　不同性質的圖書館可擺設不同藝術風格的藝術品，而其作品的風格應與圖書館的建築風格相協調。一般來說，現代感較強的圖書館建築內陳設的作品應具有現代風格，傳統圖書館建築裡的作品應與傳統風格相適應。

　　裝飾壁畫的恰當選擇與懸掛，同樣是美化圖書館室內環境、呈現深厚文化內涵的重要一環。如具有傳統民族風格的圖書館可懸掛各種字體的書法作品、淡雅的水墨山水畫等；具有西方古典風格的圖書館可懸掛西洋名畫、花卉靜物、經典素描等；而具有濃厚現代氣息的圖書館可選擇一些抽象作品，如金屬造型、特效分形藝術和夢幻般的色彩等。[11]

---

[11] 同註7。

圖1-6-3　李毅摩行草書法作品
（古今來許多世家無非積德，天地間第一人品還是讀書）

六、配合組室的功能佈置

　　除了圖書館外表的門面會影響讀者心情之外，環境的整齊清潔也會直接或間接地影響到我們的心情，人在髒亂的環境之下，怎麼會有正面積極的心情？即使是圖書館的洗手間都要佈置，以使讀者在如廁有芳香的感覺，因此館員要考慮不同的使用目的和特殊讀者的要求而做佈置或設計，如兒童室可多利用小朋友所喜愛的卡通或玩偶佈置室內空間，包括牆面應以卡通漫畫之方式表現，書櫃上或可擺設一些造型可愛的玩偶，甚至館員可以卡通服飾或造型穿著之裝扮來服務讀者，將會吸引更多小朋友的喜愛；視聽室則可以仿電

影院的方式將最新的影片製作美美的海報裝飾於牆面；在閱覽區周圍放置低矮的組合沙發以及休閒桌椅，令人產生輕鬆、溫馨舒適的家居感覺，為讀者營造出一種賞心悅目、舒適宜人的閱讀環境。

七、配合館藏特色佈置

國立中央圖書館臺灣分館館藏特色為臺灣資料、親子資料、視障資料及民俗器物，因此一樓大廳的櫥櫃經常利用其館藏特色策劃及佈置，例如新年期間便以臺灣過年民俗器物擺設裝飾，附加圖片的說明，讓許多讀者藉以瞭解這些民俗器物的意義和歷史，也增添許多年節味。（見圖1-6-4）

臺灣各鄉鎮都有其地方產業及特色，若能將該鄉鎮之產業特色佈置在圖書館，將會更為吸引讀者前來利用，更讓讀者能對該館之館藏特色有所瞭解。例如：雲林縣古坑圖書館便是結合地方產業做空間規劃及佈置，不僅擴大圖書館的功能，並結合地方的產業發展同時進行，如此，以圖書館做一個交流的平台，幫助在地的農業發展是可以預期的。

古坑鄉立圖書館設計的理念是要表現出古坑鄉特色的圖書館，所以在建材的運用上以地方的自然材料元素，包括有竹子、交阯陶等為主，而且在騎樓的天花板部分用竹編等；再加上頂樓可以享受當地特產古坑咖啡，運用騎樓做整體當地特產的主題規劃等。該館在一樓騎樓部分延續小太陽戶外空間，成就具文化氣息之休憩走廊，而多功能視訊室期刊閱讀兼視訊導覽服務功能；至於二樓是以兒童閱覽室為主，採取輕鬆特色、提供更活潑的動態空間，還有設

計兒童專用廁所；三樓是以成人閱覽室為主；頂樓的空中花園部分是提供鄉民公共優質庭園，增加休憩文化聚會空間，所以，來這裡不僅有書香還有咖啡香。[12]

另外，苗栗三灣圖書館不只是藏書的地方，更是當地民眾休閒閱讀的好去處，這間圖書館佈置精美讓人心情放鬆，讓當地民眾沒事就愛到圖書館走一回，感染書卷氣。不論躺在沙發上，還是席地而坐，都可以用最輕鬆的姿勢，閱讀自己想看的書。因為圖書館員的用心，圖書館不只是藏書的地方，還擺飾了許多DIY佈置，讓人感覺溫暖更有家的溫馨。[13]

圖1-6-4　圖書館利用館藏特色佈置

---

[12] 陳家翊，「數位時代圖書館，創造閱讀新樂趣」，書香遠傳，第 11 期（民國93 年 4 月），頁 28-31。

[13] 鍾志明，「互動式閱讀，圖書館也架部落格」（22：11）＜http://www.ettoday.com/2006/08/27/11381-1982506.htm＞（2006.8.27）

八、整體環境藝術的設計

圖書館在努力創造一個主題性室內環境時，也應從所有可利用的色彩、光、圖形、陳設、綠化等構成的客觀物質條件中，具體實現其藝術主題，同時還應根據館的不同區域和使用功能的不同空間環境，再依據主題要求，去創造出有個性、有創意、風格鮮明各具特色的藝術化環境，它們除了要滿足讀者使用功能上的需求外，同時要滿足讀者精神的陶冶及心靈的審美之需要。[14]

圖書館的經營與規劃在顏色運用上，還有很大的發揮創意空間，諸如室內家具或指引標示色彩的選擇等等。色彩搭配以明亮清新為主。如果館內整體色彩搭配不佳，會使整個空間的感覺變差，並且會破壞圖書館的氣氛及降低對讀者的吸引力。

肆、結語

國外越來越多的圖書館建築不僅注重外部環境和造型的設計，而且將人性化的設計理念運用于室內裝飾，營造出具有濃郁文化氣息與時代精神的圖書館內部環境，有許多小小的圖書館雖然空間不大，但卻親切地跟家一樣，孩子們甚至可以坐在地上看書，圖書館的優雅環境是要靠館員及讀者努力去營造，溫馨的巧思設計可美化

---

[14] 同註 5。

空間，再配合圖書館員的專業服務，便能讓整體的形象建立在讀者的心中。

　　圖書館重視空間的調整及環境的綠化美化，對於讀者的吸引力有其影響，如增設反光窗簾、安置綠色盆栽、燈光與桌椅配置、指標導引、牆壁藝術作品掛置等等，均須慎思考量，亦可請志工、館員、讀者共同參與佈置。

　　因此，未來圖書館的美學觀念應普遍深植於館員中，館員繼續教育應不只在技術層面，還應擴展到倫理道德及職業道德的再教育，未來的研討主題方面除技術層面再教育外，也應加強訓練館員在服務態度及倫理上，並講求美育。期望每個圖書館都能逐步改善圖書館服務空間，規劃人性化的服務環境，營造圖書館新魅力，讓大家親近圖書館、愛上圖書館，讓圖書館也能整合社區及地方文化、產業觀光資源，進而與社區活動結合，對於共創書香社會，締造美好生活，更能與時俱進。

公共圖書館網路使用政策的探討

本文主要針對公共圖書館的網路使用政策加以探討研究，從一經常發生事件探究網路資源是否需要過濾選擇，制定政策應考慮的因素為何，並就美國三所大型公共圖書館的網路使用政策加以分析比較，以作為國內公共圖書館未來制定網路使用政策及執行方式之參考。

壹、楔子

由於網際網路的發達與方便，網路資源是目前圖書館提供讀者檢索資訊的管道之一，雖然圖書館的電腦查詢區會有網路使用的說明告示，禁止讀者不能從事違規的行為，但部份讀者仍會用來打BBS或上聊天網，若被圖書館員見到並上前阻止，大多數的讀者會馬上停止其行為，但有時仍會趁館員不注意時偷偷繼續使用，館員若請他離開並禁止其再使用，有的讀者會向館員質疑：「圖書館不是具有提倡休閒的功能嗎？」或云「圖書館不是提供資訊交流之處嗎，為何不能上BBS或聊天？」

由以上常見情況，筆者認為有幾個問題可供討論：

一、公共圖書館是否需要以過濾器過濾讀者使用的網路資訊？

二、公共圖書館可以因為本身具有休閒功能，而讓讀者使用BBS、聊天網、討論群或電子郵件嗎？

三、公共圖書館的網路使用政策應如何訂定？

四、公共圖書館應如何處理讀者的違規使用？

筆者發現公共圖書館經常有同樣情況發生，雖然已明顯告知讀者請勿在館內使用非資訊檢索範圍之資料，但仍有讀者違反規定，因此，本文希望就此主題瞭解國外現行狀況，並加以分析討論，以提供國內公共圖書館未來制定網路使用政策之參考。

貳、讀者使用網際網路與利用圖書館之情況

電腦與網路的普及使之成為許多人獲取資訊的主要來源，上網已成為一種日常生活的習慣，面對網路時代的來臨，公共圖書館原有的傳播資訊功能與角色要隨之調整。根據調查，會同時使用圖書館和網際網路的人數，為只有使用圖書館或是只使用網際網路人數的總和，而網際網路的使用人數是圖書館使用人數的兩倍。這些網際網路使用者找尋的資料多是消費者產品、商業貿易、社區服務、政府機構、工作職業等資訊，相反的，圖書館使用者找的資料是：報章雜誌、工作的調查研究、地方史、祖譜、童書等資訊。[1]

Greenstein與Healy在西元2002年對全美3,208位大學生與大學教授發出問卷，試圖瞭解網際網路對大學社區中的學生、教學研究人

---

[1]　Rodger, E J; D'Elia, G; Jorgensen, C, "The public library and the Internet: is peaceful coexistence possible?," *American Libraries* 32: 5 (May 2001), pp.58-61.

員及學術圖書館所造成的影響。80%的參與者表示，網際網路已經改變了他們利用校園圖書館的方式；超過三分之一的參與者認為自己使用圖書館的次數較兩年前減少。[2]

由此可知，圖書館資源與網路資料之間存在許多差異，像是資源型式不同、儲存方式不同、組織方法不同等，但對讀者來說，網路所挾帶的強大優勢已逐漸改變他們對圖書館的使用態度，也讓他們對網路的仰賴日益加深，相較於圖書館，網際網路的優點包括：

一、容易取得資料。

二、節省取得資料時間。

三、資料時效性佳。

四、資料範圍廣。

五、生動有趣。

六、可瀏覽閱讀。

七、可單獨操作。

根據調查，網際網路的使用是伴隨著公共圖書館的使用，對於同時有網際網路和圖書館的使用者來說，他們會根據使用目的選擇使用媒介，若必須擇一使用時，通常會比較傾向網路，特別是有關生計的問題，像是顧客資訊、商情報導、工作，此外，有些使用者還認為網際網路提供的方便、有趣、廣泛等優點是圖書館比不上的。[3]可

---

[2] Daniel Greenstein and Leigh Watson Healy, "National Survey Documents Effects of Internet Use on Libraries," *Council on Library and Information Resources Issues* 27 (May/ June 2002).

[3] 同註 1。

見在網際網路的強大優勢下,圖書館不能不重新檢視資訊使用的自由,以決定是否該讓讀者獲得超越選書標準之外的資料,並自行承擔資料使用責任。

參、公共圖書館的網路使用是否應該過濾或限制

西元1997年10月,美國維吉尼亞州羅登郡公立圖書館(Loudoun County Public Library, Virginia),宣布一份處理「網路性騷擾」的網路使用政策,聲明(一)圖書館網路不提供電子郵件、聊天室與色情資訊,(二)館內所有上網電腦將裝置網站防阻軟體,過濾有關兒童色情、色情或對未成年人有害的資訊,(三)電腦的位置須靠近圖書館員且在其視線範圍內,(四)禁止上網閱覽色情資訊,經勸阻仍不停止者,將通知警察制止之。而為了過濾色情及對未成年人身心有害的資訊,圖書館購買X-Stop過濾軟體裝置於館內所有電腦,以執行上述網路使用政策。

結果美國公民自由團體(American Civil Liberties Union簡稱ACLU)因而控告維吉尼亞州羅登郡公立圖書館過濾上網資訊侵害言論自由,該案於西元1998年11月23日由地方法院宣判圖書館敗訴,認為圖書館過濾上網資訊的舉動阻礙成人接收受保障言論的自由,侵害了憲法第一修正案對言論自由的保障;關於「公立圖書館上網電腦裝設過濾軟體之合憲性」已引發全美廣泛討論,而本案乃美國首宗判決。

　　而維州羅登郡公立圖書館於判決後，據料並不打算上訴，因其旋即於西元1998年12月1日改採新的網路使用政策，說明圖書館應盡量提供民眾完全而無限制的資訊，使民眾得以獲得各種不同的觀念；成年人固可為自己的選擇的內容負責，而未成年人則應由父母負責，替孩子決定該由圖書館獲得什麼樣的資訊與服務。因此，圖書館的配套措施，包括將館內上網電腦分為「未過濾」與「已過濾」兩類，「已過濾」電腦會裝置X-Stop防黃軟體來阻斷兒童不宜的資訊，成年人得自由選擇電腦上網，未成年人則由父母或監護人決定(1)讓未成年人自己決定使用哪種電腦，或(2)代未成年人選擇使用「已過濾」或「未過濾」上網電腦。當父母或監護人行使選擇權並在同意書簽名後，他們的小孩才可以使用圖書館的上網電腦。[4]

　　由以上現實案例發現，當讀者欲伸張知的權利時，大部分的圖書館也主張要過濾資訊來源，公共圖書館在提供一般民眾資訊服務的當口，必須以社會大眾整體利益為出發，在兩者間尋求平衡點。以下筆者擬就正反兩面予以討論之。

一、公共圖書館不限制網路使用之狀況

　　站在公共圖書館館藏量不足，讀者又有資訊自由的角度來看，公共圖書館似乎不該利用資訊技術將網路過濾或限制，如同美國洛杉磯公共圖書館（LAPL）的網路使用政策，簡單扼要的說明圖書館

---

[4]　張雅雯，「美國首宗圖書館上網電腦過濾案宣判違憲」，<http://stlc.iii.org.tw/publish/infolaw/8802/32ea.htm>（15 Feb. 1999）。

不會對網路上的資訊加以控制，也不會對其內容後果負責任，因為網路資源可以提供延伸的資訊，所以不應該限制網路的使用。[5]

美國洛杉磯公共圖書館不限制網路使用的原因反映出，圖書館實際在空間、經費、政策等限制下，的確不可能將所有的資訊皆納入館藏，此時，網路上豐富多元的資料檔案則成為另一資訊來源，讀者在圖書館無法滿足其需求的情況下，自然會尋求其他管道獲得想要的資訊，但網路資源何其紛亂龐雜，真正能提供幫助的資料畢竟有限，反倒是一些有害身心健康的網站，在無意間影響了讀者的思想行為。

二、公共圖書館限制網路使用之狀況

雖然有些讀者持相反的意見，但大部分的圖書館還是認為應該要保護讀者的身心安全，進而教導讀者網路資源之使用，提升讀者檢索評估資源的資訊素養，以社會整體角度來看，圖書館之堅持不無其道理，特別是針對判斷力還不足夠之青少年和孩童，他們可能因一時的好奇或觀念偏差從網站上獲得不適當之資訊，結果導致社會付出沈痛的代價，所以，肩負社會教育與資訊傳播責任的公共圖書館，在這種種因素下多半主張應該適度的過濾資訊。

張郁蔚針對公共圖書館的網路資訊究竟是否該過濾提出深入的研究，探討網路資訊過濾技術之發展，可用於防止使用者檢索到不良的網路資訊，但是，目前的過濾技術尚無法精確地將品質不一且

5　Melissa Everett Nicefaro, "Internet use policies", *Online* 22: 5 (1998), pp.31-33.

數量龐大的網路內容予以正確過濾，為使用者提供一個適當的檢索結果。[6]

有鑑於此，圖書館應該要訂定網路使用政策，特別是針對某些使用族群，例如：紐約公共圖書館，他們將網路的使用者視為「顧客」，且紀錄下顧客檢索的方向，最後由顧客評估所檢索到資訊的價值和適切性。該圖書館並成為第一個為小孩及雙親提供政策的圖書館，該圖書館的目標則是希望讀者要知道網路上有許多好的資訊，但也有許多錯誤的資訊，因此，該圖書館利用他們的網站指引讀者到較好的網站去，並建議讀者遠離不好的網站或區域，其具體政策根基於以下這些要點：[7]

（一）父母或監護人須對其小孩負責；

（二）使用網路進入非許可區域和資訊服務是不被允許的；

（三）不得在電腦的網路發送廣告；

（四）使用者不能破壞電腦設備或軟體；

（五）不可從事性侵害或任何散佈毀謗性的行動；

（六）網路禁止進行不合法的活動，包括違反著作權或其他第三者不容許之權利。

---

[6] 張郁蔚，「美國公共圖書館與網路資訊過濾技術使用之初探」，國立中央圖書館臺灣分館館刊，8卷2期（民91年6月），頁36-50。

[7] 同註5。

三、公共圖書館限制或不限制網路使用之爭議

究竟網路資訊是否該讓讀者自由自在的取得？ALA提出公共圖書館網路使用之相關法規政策，可從兩方面來看，一是「圖書館權利法案解釋」（The Interpretation of the Library Bill of Rights）之「電子資訊、服務、網路之使用」（Access to Electronic Information, Services, and Networks），認為每一讀者不論其年齡，均有權利使用網路；但另一方面，「圖書館使用過濾軟體之決議」（Resolution on the Use of Filtering Software in Libraries）及「圖書館使用過濾軟體之宣言」（Statement on Library Use of Filtering Software）卻認為：美國最高法院將網路視為人民表達意見之場所，應予憲法保障的說法，與「圖書館權利法案」實際上是背道而馳。[8]

雙方意見看似皆言之有理，但由於公共圖書館的讀者年齡分佈廣，未成年讀者的數量又不在少數，為了維護他們的身心安全，限制網路之使用仍有其必要性，然而，圖書館未必僅能消極的制止，相反的可利用這個機會積極地扮演教育推廣的角色，讓讀者認識網路安全、網路資源類型，進而教導讀者如何查檢使用這些資源。如同知識自由委員會（Intellectual Freedom Committee簡稱IFC）為公共圖書館提出的實行方針，明確指引出執行方向：

（一）採用廣泛的網路使用政策，包括：

　　1. 提出合理的時間、地點和行為限制。

---

[8] American Library Association, "Guidelines and Considerations for Developing a Public Library Internet Use Policy," (Issued June 1998; rev. Nov.2000).

2. 禁止使用圖書館的設備瀏覽具有猥褻、兒童色情、傷害未成年孩童的資料。

3. 注意使用者在使用上之隱私。

4. 保護使用者記錄之機密性，以此鑑別使用者並連結至特定資料。

（二）將相關政策告知圖書館的網路使用者及孩子的父母，因為孩子可能於父母不在身邊時獨自使用，並說明圖書館未使用過濾軟體。

（三）所有能夠上網之電腦明白公告，禁止使用圖書館設備瀏覽網路使用政策中具體列出之違法資料。

（四）在適宜的時段安排各種課程，教育圖書館之網路使用者。針對圖書館使用者，特別是青少年和孩童，推薦符合其需求和興趣的優良網站，可為教學或各種形式之資料，如ALA的700+Great Sites、TEENHoopla。[9]

肆、公共圖書館制定網際網路使用政策的考慮因素

多數國外的公共圖書館為了規範讀者使用館內電腦的行為，都制訂有網路使用政策（Internet Use Policy或Internet Access Policy），

---

[9] 同註8。

尤其美國已有95.5%的公共圖書館訂定有網路使用政策，[10]根據陳蓉蓉調查全國二十八所公共圖書館（二所國立公共圖書館及縣市立文化局圖書館）發現，有74.1%的公共圖書館已有公告施行網路使用規範，研擬中尚未公告的有11.1%，[11]然而，筆者查遍國內公共圖書館的網站，大多僅將此規範列為讀者利用規則的一小部份，有的甚至完全沒有制定或於該館網站公告之。

美國圖書館協會（ALA）建議圖書館應根據其存在準則或借閱圖書資料的政策來建構其網路使用政策，傳統上，圖書館應以借書和研究為其堅定的政策，不要使讀者上網越軌。[12]可見即使網路資源便捷，基本的書刊館藏仍有其不變之價值，不會被網路資源完全取代，因此，網路使用政策的規劃自然要與其配合。

網路使用政策要考慮的因素應包括哪些？Janis Dybdahl認為，相較於圖書館在採訪選購書籍時所必須遵循的政策，網路這塊不受限制的空間卻使讀者可無受拘束的檢索利用，因此，圖書館員限制其檢索行為是必要的，美國Lake Oswego公共圖書館曾整理該國家116所公共圖書館的網路使用政策，列出所有可能的考慮因素（見表1-7-1），這對於圖書館未來欲增訂網路使用政策時極具參考價值。以下為其相關因素：

---

[10] 陳蓉蓉，公共圖書館網路使用規範，（國立中興大學圖書資訊學研究所碩士論文，民國92年），頁4。

[11] 同註10，頁82。

[12] 同註8。

表1-7-1　所有網路使用政策的摘要資料

（N=116）

政策	總計	百分比
A. 圖書館不必對網路資訊負責	100	86%
B. 父母親應對其小孩負責	85	73%
C. 告誡使用者不當搜尋資料之行為	70	60%
D. 於網路政策中支持美國圖書館協會權利法案	21	18%
E. 當使用網路時圖書館尊重使用者隱私	9	8%
F. 使用網路有時間的限制	43	37%
G. 使用過濾軟體於網路的工作站	2	2%
H. 使用網路時需簽名	27	23%
I. 使用網路時要收取費用	3	3%
J. 需要使用者簽署可接受的使用同意書	18	16%
K. 告誡使用者網路上違規則喪失使用權利	54	47%
L. 對大眾提供網路訓練課程	14	12%
M. 從網路列印有一定限制	27	23%
N. 限制持有證件的人才可使用網路	11	9%
O. 經父母親允許的兒童可使用網路	22	19%
P. 兒童若經由父母親的陪伴可使用網路	9	8%
Q. 禁止在網路上瀏覽不適當的畫面	22	19%
R. 使用網路時禁止違反著作權	45	39%
S. 禁止違反系統安全性	53	46%
T. 禁止使用使用者自己的軟體	29	25%
U. 禁止使用網路	23	20%
V. 禁止使用者傳送電子郵件	15	13%
W. 禁止使用者使用自己的磁碟片	10	9%
X. 禁止在網路工作站從事不合法的活動	48	41%
Y. 禁止在網路上任意陳述自我	14	12%

資料來源：Janis Dybdahl "Internet use policy: some features to consider", *Colorado Libraries* 25: 1 (1999), pp.43-7.

　　另外，美國圖書館協會（The American Library Association）認為制定網路使用政策時，需考慮圖書館的宗旨、其他使用政策和社會需求，據此提出以下幾點建議供制定或更新政策之參考：[13]

一、確保政策規範所有的狀況。

二、在政策的制訂過程中須考慮館員、委員會和使用者之意見。

三、政策應簡單易懂為佳，避免專業用語造成讀者困擾。

四、讓政策容易取得並公布於顯眼處。

五、圖書館提供使用網路的行為規範，包括具體的建議和禁止之行為與其後果。

六、使用者隱私之聲明。

七、明確告知使用者需為個人在網路上的行為負責，然孩童的行為由父母負責。

　　Karen Hyman同樣認為網路使用政策的制訂需考慮圖書館的宗旨、其他政策和社會狀況等需求，據此提出十二要點，提示圖書館如何處理讀者使用網際網路之行為：[14]

一、使用者需自行負責。

二、在圖書館內，家長必須管理及看顧孩童。

三、家長可以更明確地限制孩童的網路使用。

四、利用家具設計或螢幕來限制網路之不必要瀏覽。

[13] American Library Association, "Libraries and the Internet Toolkit: Checklist for Creating an Internet Use Policy", (Dec. 2003)
[14] Karen Hyman, "Internet policies: managing in the real world", *American Libraries* 28:11 (1997), pp.60, 62-3.

五、電腦需位於看得見、能管理之處。

六、電腦使用區為站立式。

七、需登記或給予時間限制。

八、要求使用者給予使用保證。

九、圖書館限制讀者能使用之網站，以密碼等方式作控制。

十、館員監控讀者使用網路之情況，遇有違反者禁止其圖書館
　　網路使用權，甚至強迫其離開圖書館。

十一、網路不使用圖示介面。

十二、網路的提供盡量減少甚至取消。

　　除了國外專家的意見，國內陳蓉蓉以六所美國公共圖書館的網
路使用政策為研究對象，利用內容分析法找出其共同要項，發現這
些圖書館網路使用政策的共同要項為：提供平等、免費的檢索服務
是一致的服務宗旨、圖書館的職責與讀者的責任、保障讀者的隱私
權、違反政府法令的網路行為應該受管制、重視兒童及青少年使用
網路的保護。[15]從美國科羅拉多州的奧羅拉公共圖書館（Aurora
Public Library）的網路使用政策和程序可以看出，[16]該政策試圖在讀
者資訊需求與圖書館保護讀者的理念間尋得平衡點：

一、想要使用網路連線，必須先出示圖書館證或其他證明文
　　件，每天可使用電腦半小時，但若是沒有人正在等待使用，
　　可以繼續多使用半小時，最多一天可使用一小時。

---

[15] 同註 10，頁 46-54。

[16] Megan M. Isely, "Taking the first steps toward Internet access at the Aurora Public Library", *Computers in Libraries* 17: 1 (Jan. 1997), pp.58-61.

二、六年級以上之讀者可自行使用網路連線；但低於六年級者需有家長或其他監護人陪同。低於十八歲之使用者，需有父母或監護人為其簽署網路使用棄權書（Internet Use Disclaimer）。

三、通常一台電腦一次只有一個人可使用，除非是大人陪同小孩。

四、電腦為讀者與網路連結之媒介，不是用來進行文書處理或其他計算功能，所以，不要安裝軟體，不要有磁碟、光碟之執行程式，也不要附加其他設備於硬體上。

五、不允許下載檔案於硬碟上，只可下載於磁碟片上，且磁碟片必須在流通櫃臺購買，不能用自己的磁碟片，以避免病毒的傳播。

六、使用電腦時不可損害相關設備，且不要改變軟體之安裝設定。

七、每頁列印收費10分（Cents）且必須在流通櫃臺繳費，限制列印和下載至磁片的量。

八、不能使用圖書館的網路連線來收發email或使用新聞群組。

九、不能任意漫遊於各個網站，因為：

（一）關閉或限制外在資料之存取。

（二）資料庫的使用有權限，必須是該組織之會員才可使用。

（三）有些是改變網址或已關閉。

十、圖書館的網路連結可能因為技術上的問題而暫時無法使用：

（一）不允許使用網路之購買行為，無法安全地送出信用卡號碼或帳號。

（二）參考館員雖然樂於協助讀者，但是，使用網際網路對許多員工來說，還是新經驗，加上人員的限制，無法隨時都有網路服務人員。

（三）圖書館員對於網際網路、電腦術語或個人電腦的使用無法提供深入的講解，但可以提供檢索建議和回答問題。如果讀者從未使用過電腦，或是有相關於網路的特定問題，館員會協助讀者利用參考書或一般書籍。

十一、凡簽署Aurora公共圖書館網際網路連結規定者，代表同意遵守網路使用政策和網路禁用部分，濫用電腦或是網路連結將會失去網路使用權。

Nicefaro認為制定網路檢索政策時，應該要明確且為圖書館的組織成員及所有讀者所知曉，其政策內容應盡量考慮避免潛在的問題發生，他認為一項好的政策若無人知曉便不是一個好的政策。[17]

伍、美國公共圖書館網路使用政策比較

筆者為實際瞭解國外公共圖書館如何規範其讀者之網路使用行為，乃就目前美國較大型且著名的三個大型公共圖書館，包括：紐約公共圖書館（New York Public Library）、芝加哥公共圖書館（Chicago Public Library）及洛杉磯公共圖書館（Los Angeles Public

---

[17] 同註5。

Library）之網路使用政策加以蒐集並比較如表1-7-2，[18]之所以以這三所圖書館為比較的樣本，原因為這些圖書館較為知名而大型，且各分佈於美國不同洲別，另外，這三所圖書館均有許多分館，因此，其制定的考慮範圍或條件較為周延，可供我國各縣市公共圖書館參考或仿傚之。

---

[18] Chicago Public Library, "Guidelines for Chicago Public LibraryComputer Use," <http://www.chipublib. org /003cpl/computer/guidelines.html> (7 Nov.2003).
Los Angeles Public Library, "Internet and Computer Workstation Use Guidelines," http://www.lapl.org/ inet/IPolicy.html (7 Nov.2003).
New York Public Library, "The New York Public Library Policy on Public Use of the Internet," <http://www.nypl.org/admin/pro/pubuse.html> (7 Nov.2003).

表1-7-2 美國三所大型公共圖書館網路使用政策比較表

圖書館名稱	紐約公共圖書館（New York Public Library）	芝加哥公共圖書館（Chicago Public Library）	洛杉磯公共圖書館（Los Angeles Public Library）
使用目的	欲提供讀者各式資訊	利用網路上之電子資源增加現有館藏	圖書館不限制讀者使用的資訊
使用時間限制	圖書館有權限制讀者使用的時間	1. 快速使用：限時10分鐘 2. 有登記表的電腦：一時段為30分鐘，每天至多使用60分鐘 3. 沒有登記表的電腦：如果有人等待，時限為30分，否則不限。	1. 查詢目錄及資料庫：沒有時間限制 2. 快速連結：15分鐘 3. 預約使用，一天最多2小時
收費方式	無	免費使用	列印圖書館目錄免費，列印其他資料庫每頁10分（cents）
禁止行為	1. 不可侵犯他人隱私 2. 禁止讀者利用電腦進行違法活動 3. 禁止破壞電腦軟硬體設備 4. 不可違法入侵破壞資料	1. 禁止更改軟硬體 2. 不可儲存私人檔案於硬碟 3. 禁止複製軟體等違法行為 4. 不允許使用聊天軟體、新聞群組、電子郵件	1. 禁止讀者進行不法或破壞名譽之行為 2. 不可儲存檔案於硬碟 3. 不可破壞電腦之軟硬體 4. 不要關機
電子通訊設備之限制	無	不可使用聊天軟體、新聞群組、電子郵件	讀者可使用網路免費提供之電子郵件

違規之懲罰方式	違反者喪失使用資格	意圖破壞軟硬體設備者將予以起訴	違反者喪失電腦使用權
教育課程	提供讀者安全有效使用網路之訓練課程	提供各種學習使用管道	無
孩童使用責任	1. 父母或監護人為孩童之網路使用負責 2. 網路安全父母指引手冊之發行	七歲以下孩童需有大人陪同	孩童的網路使用由家長或監護人負責
孩童與青少年的特別服務	為孩童及青少年設計特別網站	無	1. 提供適合孩童和青少年之網頁連結 2. 孩童在放學時段對指定的終端機得優先使用
讀者行為保障	除法律上或圖書館的合理需要，不會公開讀者的使用內容	監視讀者的使用是在圖書館權限之外	館員不會利用監視或是過濾軟體來限制讀者
政策修正時間	2001年8月	2001年6月	2003年7月

資料來源："Guidelines for Chicago Public Library Computer Use," <http://www.chipublib.org/003cpl/computer/guidelines.html > (7 Nov. 2003).
"Internet and Computer Workstation Use Guidelines," <http://www.lapl.org/inet/IPolicy.html> (7 Nov. 2003).
"The New York Public Library Policy on Public Use of the Internet," <http://www.nypl.org/admin /pro/pubuse.html > (7 Nov. 2003).

就以上美國大型公共圖書館之觀察比較可發現，圖書館為因應科技發達時代進步之需求，及秉持為讀者提供資訊服務之一貫傳統，將網路視為一項資料來源，用以擴充既有館藏。但為了不讓某些讀者獨佔使用，依據不同之使用目的規劃不同的時間限制，且多

為免費提供，不至於增加讀者的負擔；此外，圖書館會明確規範禁止之行為，以避免某些人的自私舉動傷害到他人或圖書館，像是不可將網路用於違法行為、不可破壞電腦的軟硬體設備、不可儲存私人檔案於硬碟等等，不過對於讀者是否能使用電子郵件，各圖書館有各自不同的政策，凡是違反規定者輕則喪失使用權，重則吃上官司，以此給予強制之警告；再者，圖書館希望每位讀者都能安全有效地使用網路，所以，多半會準備一系列的課程邀請讀者來參加。為了保護孩童，圖書館會要求孩童在使用網路時，最好有家長在旁陪同指導，其行為也必須由家長負責，有些圖書館甚至會特別為孩童或青少年設計網站、提供網頁連結等服務，不過，大部分的圖書館不會用保護讀者為理由監視讀者的行為，更不會公開讀者的使用內容，以維護使用者隱私。

陸、結論

公共圖書館的讀者使用網路已經是非常普遍之資訊檢索方式，為了規範讀者的使用行為，圖書館應將網路使用政策明訂於該館之讀者規則中，並利用圖書館網站加以宣導，以使讀者普遍有此認知。綜合以上分析，筆者歸納結論如下：

一、圖書館實有必要借助過濾軟體來過濾不良畫面，但應以不影響讀者的資訊檢索為原則，由於現今讀者經常在圖書館的閱覽區使用網路閱讀個人信件，然而，電子郵件到處充斥情色或不宜畫面的廣告，這些廣告經常在讀者不經意下

開啟，造成許多不雅畫面呈現，此舉對於圖書館其他讀者心靈影響甚鉅，因此，筆者認為公共圖書館實有借助過濾軟體濾除不良畫面的之必要，但也要容許讀者有檢索資訊的自由，以避免類似前例違憲情形發生。

二、應另成立休閒專區供讀者利用或儘量不要開放休閒功能的資源，由於部份讀者會利用圖書館的網路連結電子佈告欄（BBS）、交談區（chat room）、討論群（discussion board）、線上遊戲（online games）等，筆者認為這些功能均不適宜在圖書館的閱覽室或參考區開放，此乃由於這些資源讀者在使用上較容易有情緒上的反應（如大笑或尖叫等），容易影響其他讀者，若圖書館有心要開放，宜選擇遠離讀者閱覽區的休閒專區並派專員管理，以免滋生事端。

但筆者認為更重要的是圖書館應盡力教導讀者正確的網路使用行為及相關觀念，並引導其正面的資訊檢索行為，這對讀者來說也是一種社會教育，其方式可以採取開設網路資源利用課程、推廣及當場指導，或仿照美國圖書館學會紐約公共圖書館將各相關資訊檢索予以整理呈現在網頁上，提供讀者便利的檢索管道。[19]

三、對於公共圖書館網路使用政策的規範範圍，可參考美國圖書館協會及各館所訂定的範本，或邀請專家、館員與讀者

---

[19] American Library Association, "Checklist for Creating an Internet Use Policy," <http://www.ala.org/Content/NavigationMenu/Our_Association/Offices/Intellect ual_Freedom3/Intellectual_Freedom_Toolkits/Libraries_and_the_Internet_Toolki t/Checklist_for_Creating_an_Internet_Use_Policy.htm> (7 Nov.2003).

共同討論，就國情不同參酌社會需求及各圖書館的特性，將讀者的使用範圍規定出來，但建議規範應至少包括的項目如：圖書館服務宗旨、圖書館與讀者職責、管理方式、收費方式、管制行為、兒童及青少年讀者的網路使用行為管理及違規的處分方式，以避免有心讀者一再濫用。

四、圖書館員需不定時巡視讀者是否有違規使用網路的行為，或可藉機引導讀者如何檢索及利用電腦資源，對於違規使用網路的讀者，館員應告知該館的網路使用政策，並予以正面勸導，以避免衝突事件發生，若在經館員勸導後讀者仍執意不聽，則可請警衛前來處理並暫時停止其使用之權利。

由於公共圖書館乃社會教育機構之一，因此，正確引導讀者尋找資訊，也是圖書館館員無可旁貸的責任，為了避免青少年藉由網路犯罪及日後不必要的紛爭，禁止讀者使用聊天網或討論群也是必須的，正如同圖書館對於圖書資訊有過濾選擇的必要；雖說圖書館具有休閒娛樂的功能，但筆者認為其娛樂的功能必須是有限度的，且需具有正面的教育寓意，否則與坊間的網咖何異？

未來資訊網路在公共圖書館仍會扮演重要角色，圖書館將讀者的使用行為規範於網路使用政策之餘，館員引導讀者正確的使用資訊網路才是最重要的關鍵，我們應予以正視。

E世代公共圖書館的服務

　　E世代是一個充分運用電子數位科技的時代，其獲取資訊的速度將隨著科技的進步成正倍速的成長，講求速度、效率與便利性，而本文即依據Chuck Martin所提出網路七大趨勢及美國McClure提出現代公共圖書館新角色，來探討e世代公共圖書館所提供各項服務方式的改變。

壹、前言

　　E世代是一個充分運用電子數位科技的時代，其獲取資訊的速度將隨著科技的進步成正倍速的成長，講求速度、效率與便利性，我們難以預測未來世界的生活型態與模式，因此，民眾若想在二十一世紀享受生活的便利，便要接受高科技、電腦和網際網路，不但要熟悉並能加以應用它，否則便如同文盲一般無法在這世紀生存。

　　美國IBM前任副總裁及《互動年代》（Interactive Age）的創始發行人Chuck Martin指出：E世代將有七大趨勢，這七大網路趨勢讓企業得以變成真正地以客戶為中心，也因此消費者將獲得更加個人化且更有價值的服務；從中央到各級地方政府提供的新公共服務到購買任何所需的東西，每一件事都將變得更加便利。此七大趨勢如下：

一、網路經濟（cybereconomy）成為主流：新的買賣方式將創造一批新型態的線上消費者，他們期待更快速的運送、更簡便的交易方式，以及更實際的資訊。

二、線上勞動力掌權的時代：Intranet把更多的資訊交到了員工手上，並且建立起虛擬的工作社群，永久地改變了個人和公司工作環境的生態。

三、開放企業成型：企業和外界世界（包括供應商和消費者）之間的藩籬將消失無蹤，產品、資訊及服務提供者手中的權力也將轉移到這些產品、資訊及服務接收者的手中。

四、產品商業化：新的互動過程將巨幅地改變產品價值的定義方式，更重要的是由於價格的定義是隨時調整的，這也表示價格的制定將變得更加即時而具彈性。

五、消費者資料化：用來即時分析及預測消費者行為的新科技將要求公司改變組織方式，以便進入新的網路版的客戶至上世界。

六、經驗社群興起：人們會運用即時的全球資訊來蒐集知識。集體經驗將在資訊的蒐集和決策過程中扮演更重要的角色。

七、時時刻刻隨即學習：網路運作的新方式將創造出獨立學習的新一代——他們的成功必須奠立在自我激發和資訊共享上。[1]

以上雖為企業或公司未來七大網路趨勢，但卻可做為圖書館思考如何因應時代趨勢並改變其經營型態的針砭，以符合整個資訊社會大環境民眾的需求，並繼續生存於未來。

---

[1] 恰克馬丁著、林以舜譯，E世代的七大趨勢（臺北：希爾，民89年），頁13。

　　美國學者McClure認為現代公共圖書館新的角色是：(1)全國的電子資訊中心、社區資訊資源中心，就是要結合社區內其他機構，納入圖書館服務的範圍，例如結合社區資訊，讓工商團體與公共圖書館網路連結，提供民眾使用各項資源等；(2)政府的資訊代理中心，公共圖書館在資訊的收集更方便，也要以更公開的方式提供資訊給讀者使用；(3)公眾的使用中心，即網路架設以後，並不是每一家庭都有電腦可以在家裡上網使用，所以，來到公共圖書館使用，甚至在公共圖書館免費獲得E-mail傳遞服務；(4)終身學習教育中心，公共圖書館有提供電子教室或是網路的資源設備，讓讀者在圖書館或是家裡，都可以利用圖書館所提供的課程或是資訊來接受繼續教育；(5)地方經濟的發展中心，網路上有提供社區的求才、採購及各種有關社區的資訊資源，都提供民眾使用，對於社區經濟的發展，是一個正面服務的方式。[2]

　　基於以上七大趨勢及公共圖書館之新角色與功能，未來公共圖書館將是E化圖書館，民眾所需要的是快速、簡便辦理借書、還書的申請手續，僅需在家中電腦上網，不需出門，透過電子郵件或傳真便可與館員進行參考諮詢服務和討論，讀者隨時隨地獲取最新資訊，就像自家擁有圖書館一般，充分表現網路經濟、時時刻刻隨即學習之趨勢；而館員每天到館上班，許多服務都在電腦中快速的進行，就連統計調查、資訊查詢及更新資料都能透過電腦終端機很快完成，不但縮短查詢資料的時間且能提昇工作效率，此即未來圖書

---

[2]　張鼎鍾，「邁向新紀元的公共圖書館服務理念」，書苑，第 41 期（民國 88 年 7 月），頁 3-9。

館以線上勞動力代替人工勞動之必然趨勢；讀者或社區民眾的電子通訊地址將成為圖書館最大的客戶資料庫，讀者可隨時從手機或掌上型個人電腦接收到圖書館所提供的訊息；同時，圖書館與圖書館間資訊互通有無，圖書館館藏特色成為其最佳賣點，形成開放且兼容之圖書館體系，著重館藏資訊之行銷與推廣，圖書館如同經營企業般，利用網路之便利主動服務讀者來加深讀者對於圖書館之依賴與需要。

貳、E化圖書館的特色

圖書館經過數位化資訊時代的衝擊，將顛覆傳統圖書館服務之方式，不僅在資訊內容的呈現或傳播的方式都將迥異於過去，個人認為E化圖書館將充滿各種挑戰且呈現以下幾種特色：

（一）圖書資料多元化

由於科技的日新月異、社會的變化及國家建設的需要，圖書資料將愈來愈多元化，圖書館不僅典藏紙本式的圖書，還有太多非紙本式資料如視聽資料、微縮資料以及琳瑯滿目的數位化資料可供民眾利用，公共圖書館趨向數位化之後，可以提供電子化的資訊，民眾可由任何地方擷取，還能使用具親和力的檢索界面，以及即時線上的文獻傳遞，獲致全時又便捷的服務。

（二）電子資料庫逐漸取代紙本式檢索工具

過去檢索期刊、報紙文章或資料位置都需要藉由紙本式檢索工具（如目錄、索引及摘要）檢索，不僅速度慢且毫無效率，如今經過資訊專家所研發的電子資料庫或光碟，不但使得資訊檢索便利且查獲率高，更可依照自己的需求方式加以選擇，因此，已逐步取代紙本式檢索工具。

（三）各圖書館有專屬的網站

在資訊化及電子化的時代，各圖書館均有專屬的網站，且以網際網路作為館員與讀者或對外聯絡的管道及宣傳的媒介，除了提供讀者查詢資訊的便利外，並簡化了各種業務的步驟。

（四）以人為本的服務

圖書館將處處以「讀者即是顧客」的思考觀點，以「顧客第一」及「顧客至上」的思維來服務讀者，不分階級、年齡、性別、宗教等，依其需要而提供適切的服務，以館內完善的技術服務吸引館外的讀者心悅而欣然地蒞館，[3]讓讀者有如入寶山般盡情的享受知識盛宴。

---

[3] 廖又生，「讀者就是顧客，論行銷觀念在圖書館經營上之運用」，圖書館組織與管理析論（臺北市：天一，民國 78 年），頁 166。

（五）不受時空限制的服務

圖書館的服務將沒有時空限制，讀者很輕易便能看到古籍史料，線上便能預約所要的圖書或資訊，並得隨時向館員請教問題，而圖書館的電腦化系統將為市民提供24小時網上服務，支援整個公共圖書館的參考及資訊服務，使圖書館的使用者不需到圖書館找資料，且即使在圖書館員下班後也可收到所需的資訊。

（六）運用電腦科技處理圖書館業務

圖書館館員運用各種電腦科技技術處理圖書館業務，包括從資訊徵集、資訊的處理加工，一直到資訊的傳播利用等，都是利用電腦等科技完成。

參、E化公共圖書館的服務方式

陳昭珍教授曾經歸納出在網路時代圖書館的服務，應該包括流通、書目查詢、參考服務、視聽和文獻傳遞服務、利用教育、科技資訊教育、地方文獻電子資料庫、電子化文化休閒的資訊服務等，就是從讀者的借書服務、推廣服務及各項圖書館的服務，

都可以透過電子化網路來提供，[4]此乃簡單說明E時代圖書館所應有的服務。

因此，在可預見的未來，個人認為E化圖書館將因應資訊與網路通訊傳播科技的發展而提供服務，無論在形式上或內容上均將有重大的變革，圖書館應改變服務型態以因應資訊時代的需求。筆者就目前圖書館界數位化後各組工作內容變化的情形及文獻探討整理如下：

（一）採訪徵集

1.徵集資訊更為簡便

過去館員需藉由廠商所提供的紙本目錄選擇所要的圖書、期刊，現今只要每日從各書商所寄發的電子報（E-News）或進入書商或代理商的網頁便能快速圈選圖書館所要的圖書資料，簡化採訪的工作並使之更具效率，包括價格查詢、訂購與催缺等工作都可以透過網路在線上進行，也使得文書工作減少許多。

2.電子採購、贈送及交換

利用電子信件做電子訂購系統或建立期刊催缺系統，透過線上圖書、期刊複本銀行與其他圖書館互相交換贈送複本資料，不但減少資源的浪費並可促進資源共享，如現今國科會館際合作系統正在測試的期刊複本銀行便有這樣的功能。

4　陳昭珍，「網路時代公共圖書館的資訊服務」，圖書館學與資訊科學，23 卷 1 期（民國 87 年 4 月），頁 20-32。

（二）閱覽典藏

1.典藏資料數位化

圖書館將不僅典藏紙本式的圖書，還包括許多非紙本式資料如視聽資料、微縮資料以及琳瑯滿目的電子圖書、電子期刊、電子參考書及電子資料庫，另外並有語音、影像、動畫等數位化資料可供民眾利用。

2.特色館藏的建立

圖書館不僅要建立有特色的館藏，並要依其館藏特色建立數位化資料，以電子數位化技術為核心所建置之虛擬圖書館，可望衝破時空框限，使資訊取得更加便利。

3.自己動手借還書

讀者可利用借還書系統辦理借還書，圖書館亦裝設有防盜系統及監視設備以避免讀者竊書或破壞的行為，也減少館員機械性的動作和人工管理的行為。

4.多媒體與隨選視訊的出現

多媒體愈來愈多樣化，過去使用電腦看電視的方式已經不稀奇了，讀者可以將互動式光碟、音樂CD、錄音帶、甚至錄影帶、VCD、LD等等琳瑯滿目的多媒體整合在同一臺電腦使用，只要透過網際網路，便可隨心所欲的欣賞各類數位影音、圖像資料及互動式光碟，

遨遊於多媒體世界，此即所謂之隨選視訊VOD（Video-on-Demand）系統；另外亦有隨選資訊服務（Information On Demand; IOD），即讀者透過網路便可擷取到諸多訊息，諸如：各類交通運輸時刻表，文藝活動演出節目、時間等，又可讀取遠端各類資料庫訊息，這些訊息同時包括學習、娛樂、電動遊樂多種功用。此外，更提供即時新聞（News On Demand）等功能，讀者可選擇接收重點新聞或詳細新聞，觀看方式可為僅文字檔或同時包含動態視訊等不同標準之播放方式。[5]

（三）分類編目

1.加快新書上架速度

透過網際網路，館員可以很快的從自己電腦就可連接到書目供用中心、書目資料庫或其他館藏的目錄，利用各種網路資源迅速地將新書編目完成並整理上架。

2.多功能檢索系統的建立

圖書館建立友善的檢索系統介面供讀者快速檢索所要的資訊，讀者可以從各種檢索點檢索到所要的資訊，如果檢索策略有所缺失，系統也會自動指引方向並建議讀者更進一步之行為。

---

[5] 國立臺灣大學多媒體服務中心介紹，＜http://cv.lib.ntu.edu.tw/guide＞。

（四）參考諮詢

1.參考諮詢及服務方式的改變

館員必須利用網際網路、光碟資料庫、電子參考書、專業學科資料庫等來發展新的資訊服務，並利用電子佈告欄（BBS）、電子郵件（Email）及傳真回答讀者的各種問題或推介相關資訊，以滿足並幫助讀者學習、研究等需求。

2.參考工具書增加線上版

許多線上參考工具書紛紛推出線上版來滿足需求，其特點為更新速度快、檢索功能強、相關文獻可作超連結，而且提供相關之網路資源。

3.多樣化線上資料庫可供檢索

線上資料庫可提供讀者以電子郵件方式郵寄到指定的信箱，另有專題資料選粹（SDI）或相關期刊目次可供讀者訂閱，只要資料庫一更新便會自動郵寄最新資訊給訂閱者。

4.館際合作更為快速

透過網路傳輸，讀者只要能夠上網，隨時隨地均可填寫館際合作申請單，並能迅速收到所需要的資料。民眾利用各縣市公共圖書館及網路資源，將能掌握更多、更新的資訊，並透過國內各圖書館合作建立之「館際合作」管道，使各館的館藏在合作互惠的原則上，能互通有無、相互支援，以達資源共享的目的，透過internet查詢並

及時取得資訊與全文資料，協助民眾達成終身學習的目標，俾能充分發揮潛能，達成自我實現的理想。[6]

5.文獻傳遞服務更為方便

文獻傳遞方式除了傳真外，更可以用Ariel方式傳遞，即使是國外的文獻資料，也能在很短的時間便送到，不但節省許多時間，且列印品質及效果亦不錯。

（五）推廣服務

1.活動宣傳方式的改變

公共圖書館可透過電子佈告欄或網頁公佈訊息及電子郵件宣傳圖書館所舉辦的各種活動，讀者可輕易的從網路上獲得每月藝文活動訊息，甚至僅要在網路上登記註冊，便能定期收到圖書館所寄發的電子報，讀者不僅可在線上報名參加圖書館的各項活動，並可透過網路繳交報名費用，而館員可以線上控制讀者所參與各種活動的人數和繳納之費用。

2.網路藝廊的呈現

圖書館可將平時於館內展覽的作品利用數位相機加以拍攝存檔，以供未能親臨參觀的讀者於線上也能欣賞。

---

[6] 陳聰勝，「圖書館的線上參考服務經驗談」，<u>書苑</u>，第 50 期（民國 90 年 10 月），頁 74-75。

3.演講或表演活動可一再播放

圖書館可利用數位語音技術將每月所舉辦的演講或表演活動存檔於圖書館網站上為數位演講廳，以提供無暇參與活動的讀者可一再回顧。

4.圖書館成為電子出版中心

圖書館的各種出版品（如館刊）的出版均可透過網路，供讀者隨時閱讀列印或下載，而讀者投稿僅需透過電子郵件便能快速將稿件寄出，編輯人員透過電腦排版及美工軟體加以整理，很快便能出版發行，不但節省外包打字及印刷費用，讀者閱畢文章若有所心得或不同的意見亦可在線上發表或與作者互動交流。

5.數位學習的場所

圖書館網站將可提供課程供民眾網路學習，透過課程學習與評量活動，民眾可以隨時學到最新的課程和知識。

（六）行政服務

1.線上意見箱提供即時回應

讀者透過線上直接向圖書館反應不滿的意見以促進改善，圖書館的活動可利用網路上的問卷調查填寫，行政人員可即時統計問卷調查結果並回饋讀者訊息。

2.線上導覽供讀者隨時參觀

讀者可透過網路以瀏覽整個圖書館的環境，有如身臨其境般並快速瞭解圖書館所提供的各項服務內容和工作型態。

3.線上徵才覓千里馬

圖書館徵集人才或召募義工，僅要在網路上公佈訊息，便能迅速的依照圖書館所需條件找到合適的人選。

肆、結語

E世代的來臨雖然為圖書館帶來不少的衝擊，但卻為讀者帶來更豐富且多樣化的生活，值此科技日新月異的世代，公共圖書館應因應社會發展及讀者需求隨時改變經營型態，以營造優質資訊環境，唯能以「讀者為尊」做考量來幫助讀者有效利用館藏各項資源及獲致服務，才能讓國人的知識水平日益提昇，為國家創造更多的經濟奇蹟，人民才能享有更優質的生活。

參考資料

1. 黃宇，「終身學習與公共圖書館」，社教雜誌，239期（民國87年6月），頁1-3。
2. 陳雪華著，圖書館與網路資源（臺北市：文華圖書，民國86年）。
3. 「E世代E服務公共圖書館線上共用資料庫」，社教雜誌，239期（民國87年6月），頁1-3。

卷二　圖書資訊利用

臺灣文獻資訊網之現況與發展

　　本文旨在介紹國立中央圖書館臺灣分館所規劃之臺灣文獻資訊網，分別就該資訊網所規劃之資訊系統及其整合系統介紹，筆者並對此資訊網的未來發展提出遠景與期盼。

壹、臺灣文獻資源現況

　　近年來國內在重視本土化研究的風氣下，「臺灣研究」蔚為顯學，各大學校院陸續成立臺灣史、臺灣語文、臺灣文學等系所，而臺灣研究相關學術單位與文教機構亦相繼成立，足見臺灣研究的蓬勃發展，這對於建立臺灣的主體性，將臺灣研究與國際區域研究接軌，扮演著相當重要的角色。

　　目前海內外學界對臺灣史料需求孔殷，國內臺灣文獻資料極其豐富，但因資源分散，分別庋藏於各圖書館、大學或文化機關，當讀者若需閱讀原文則需藉由館際合作服務方能取得資源，非常不便。國內蒐集臺灣文獻比較重要的典藏單位包括國家圖書館、國立中央圖書館臺灣分館、國史館臺灣文獻館、臺北市文獻會、中央研究院民族學研究所、洪建全文教基金會、國立故宮博物院圖書文獻

館、國立臺灣大學圖書館、國立政治大學圖書館、國立臺灣師範大
學圖書館、東海大學圖書館及淡江大學圖書館等。[1]

　　由於國內圖書館及相關單位積極參與數位化工作，許多典藏單
位著手建立及規劃與「臺灣研究」相關之資料庫，使讀者容易藉由
電腦網路便能看到文獻之原件，包括書畫、檔案、書信、照片、碑
文……等，臺灣研究資料庫的資源也愈來愈豐富，例如：中央研究
院之「臺灣研究網路化」將該院有關臺灣的研究，透過電腦網路提
供社會大眾參考利用；國家圖書館也開發「臺灣概覽」、「臺灣記
憶」、「走讀臺灣」與「臺灣研究入口網」，提供讀者在圖書文獻、
圖像、史料、人與事、特展館等相關資源，這些資源均非常豐富活
潑且富教育意義；國立臺中圖書館則發展了「舊版報紙資訊網」、
「臺灣地區古文書資訊網」、「臺灣歷史珍藏e點通」及「地方文獻
資料庫」等，提供讀者早期臺灣資料的全文查詢與利用；國史館臺
灣文獻館亦開發「日據時期與光復初期檔案大圖編目目錄」、「臺
灣省行政長官公署檔案查詢資料庫」、「日據時期與光復初期檔案
整合查詢」、「臺灣總督府人名權威檔系統」及「臺灣總督府公文
類纂」等資料庫供讀者查檢與利用；國立臺灣大學之「臺灣文獻數
位典藏數位化計畫」，以上所列各項資訊與數位成果，對於從事臺
灣研究所需資源的提供，產生了相當大的助益。

　　國立中央圖書館臺灣分館（以下簡稱央圖臺灣分館）建館迄今
九十餘年，成立於日本大正三年（西元1914年），前身係日據時期

---

[1]　王世慶，臺灣研究的機構資料（臺北：美國亞洲學會臺灣研究小組，1976
　　年），頁 1-10。

「臺灣總督府圖書館」，臺灣光復後併入日人所建立之「南方資料館」），典藏可觀的臺灣文獻。央圖臺灣分館現今之館務發展，除以發展與輔導所蒐藏臺灣文獻，對於保存與提供臺灣文獻之資訊服務，亦為央圖臺灣分館主要職責。目前更以典藏豐富的臺灣文獻蔚為特色，成為國內重要的庋藏單位，包括民國34年光復以前出版之日文臺灣文獻與南洋資料，聞名國際，且深具學術研究參考價值，深受國內外學術界重視，為研究臺灣史料不可或缺之資料，諸如：臺灣方志、各州廳縣市報、臺灣史料、臺灣日日新報、臺灣時報、臺灣教育會雜誌等書刊，皆係最具研究參考價值之珍貴史料。現今之館務發展，除以發展與輔導公共圖書館業務外，並以保存臺灣地區文獻、提供臺灣文獻資訊服務亦為主要職責，目前更是國內臺灣文獻典藏最為豐富之圖書館。

為有效提供此資源之利用，近年建置之資料庫及資訊系統包含「臺灣文獻期刊論文索引」、「臺灣資料剪報系統」、「臺灣文獻資料聯合目錄」及「日文舊籍臺灣文獻聯合目錄」等，此四種資料庫使央圖臺灣分館之服務功能更為彰顯，為讀者帶來莫大的便利。

貳、「臺灣文獻資訊網」的發展

央圖臺灣分館為便利使用上述四種臺灣文獻之數位資料庫，將其整合為「臺灣文獻資訊網」。因各資料庫分別陸續建置，所以採分散式使用，讀者可分別點選不同的資料庫進行查詢。然為提昇臺灣相關文獻的整合便利性，央圖臺灣分館規劃更新此四套原各自獨

立之臺灣文獻子系統，使資料庫能達到整合查詢之目標，將相關的臺灣文獻資訊內容，以「臺灣文獻資訊網」專題網站呈現，使珍貴的臺灣文獻能透過豐富的網頁內容加以呈現。

央圖臺灣分館現所規劃「臺灣文獻資訊網」之建置有下列之優點：

一、完整的臺灣文獻資訊網

以豐富的網頁內容，呈現臺灣資訊，包含臺灣文獻資料庫及其他臺灣主題之資料庫或網站連結。

二、臺灣文獻資訊整合查詢

透過系統功能的整併，提供使用者一次同時檢索相關的臺灣文獻資訊，節省讀者時間，且能提昇資訊使用的品質，促進資訊活動與成長。

三、簡化系統維護

系統維護單一化，不需進行重複的系統管理作業，減少日後系統維護費用。

四、資料欄位標準化

系統整合升級後，將採標準之資料欄位規劃。使所有資料皆能透過標準書目交換格式處理。包含ISO2709格式及Dublin Core MetaDATA資料格式。本項標準化作業，能促進本系列資料庫的發展，除央圖臺灣分館自建臺灣文獻資源外，亦能接受來自其他單位的臺灣文獻資源，以匯整為最完整的臺灣文獻中心，節省建置資源的作業時間與成本。

參、臺灣文獻資訊網架構與內容

「臺灣文獻資訊網」目前架構僅分為「臺灣文獻整合查詢系統」與「臺灣研究網網相連」，未來還將繼續增加與擴充，各查詢系統之檢索界面均分為「簡易查詢」與「進階查詢」，查詢界面一致，讀者可依需要選擇及查詢，央圖臺灣分館委請飛資得資訊公司整體規劃本案網站。該網站規劃依次如下：

圖2-1-1　臺灣文獻整合查詢系統首頁

（一）臺灣文獻整合查詢系統：

　　本整合系統包含「臺灣文獻期刊論文索引」、「臺灣資料剪報系統」、「臺灣文獻資料聯合目錄」及「日文舊籍臺灣文獻聯合目錄」等四個資訊系統，係將四個子系統提供一個整合查詢的界面，使讀者鍵入一個檢索點便可查全所有資料庫。

圖2-1-2　臺灣文獻整合查詢系統檢索畫面

1.臺灣文獻期刊論文索引

　　本系統屬於書目／索引型的資料庫,其收錄央圖臺灣分館所藏,自清末起迄今四千二百餘種的中日文期刊與學報,將有關臺灣論文著作文獻資料,建置成線上資料庫,資料共有84,809筆,其涵蓋各學科領域;資料型態為索引,俾供讀者線上查詢參考,是相當好用的資料庫。本系統係將央圖臺灣分館館藏中文期刊自清末起迄今,有關臺灣論文著作文獻資料,編輯成索引,供讀者查詢參考,

並另有紙本式索引印行，讀者僅要連上央圖臺灣分館的網站（http://www.ntl.edu.tw）便可使用。

圖2-1-3　臺灣文獻期刊論文索引系統之檢索畫面

2.臺灣資料剪報系統

　　本系統係該館自民國七十七年起，將每日蒐集二十餘種中文報紙剪輯有關臺灣論著文獻資料，掃瞄建檔。由於全文影像內容涉及著作權關係，該系統目前僅供央圖臺灣分館網路查詢全文內容，而剪報資料索引部份，則開放遠距讀者查詢，讀者僅要連上央圖臺灣分館網站便可利用。

圖2-1-4　臺灣資料剪報系統之檢索畫面

167

3.日文舊籍臺灣文獻聯合目錄

本目錄索引收錄央圖臺灣分館及館外十八個單位之館藏目錄日文舊籍資料，收錄年限為民國三十八年以前之日文舊籍臺灣文獻，共二萬餘筆。

圖2-1-5　日文舊籍臺灣文獻聯合目錄檢索畫面

4.臺灣文獻資料聯合目錄

本目錄索引收錄央圖臺灣分館及館外三十六個單位，內容包括臺灣中文、日文、西文圖書文獻資料，凡古文書、古契、先賢遺著、

士紳之文集、詩集、日記、帳簿、族譜、家乘、祭祀公業資料、寺
廟教堂資料、產業組合檔案、口碑、口述史料、學術著作、政府單
位出版品及博碩士論文等，本目錄另有書本式印行。

圖2-1-6　臺灣文獻資料聯合目錄檢索畫面

（二）臺灣研究網網相連

　　本網站係連結至館外有關臺灣資料典藏之網站及資料庫系統為
主，網站分類依次為介紹臺灣、政府機關及研究單位的網站、書目
資料庫、電子文獻、臺灣大事歷史、臺灣報紙、臺灣方志、臺灣檔

案、臺灣人物及種族、臺灣地圖及古名、臺灣統計資料、臺灣族譜、臺灣照片與圖片、其他組織團體、地方文史工作室及其他網站，各類主題下均有許多相關之資訊網可供連結，本部份可提供更多有關臺灣的人、事、時、地、物等相關資源。

肆、結語

目前圖書館界正倡導「機構典藏」（Institutional Repository，簡稱IR），[2]而國內外圖書館正如火如荼地對其獨特與珍貴的資產予以數位資訊化處理，以保存這些珍貴資源，由於臺灣文獻的來源愈來愈多樣化，讀者應懂得利用各館所開發的資料庫以激發更多的創意。

央圖臺灣分館現所規劃之「臺灣文獻資訊網」便以保存臺灣文獻為使命，館內目前四個資訊系統，除「臺灣資料剪報系統」可提供全文的影像，適合做為中小學鄉土教學查詢教材的資料，其餘系統大多為書目指引性的資料庫，未來應持續就央圖臺灣分館珍貴的資產進行數位化或專題性主題之開發，例如將日據時代的臺灣舊籍圖書、臺灣早期各階段之古地圖（如：臺灣堡圖）或地區性古地圖、央圖臺灣分館建館九十多年來相關之歷史資料、照片檔案、出版品、同人發表著作與論文、研究報告、人物傳記、大事紀等各類資源均可加以整理而分別發展為國立央圖臺灣分館之各種專題性資料庫，

---

[2] 項潔、洪筱盈，「臺灣機構典藏發展芻議」，教育資料與圖書館學，43 卷 2 期（2005 年 12 月），頁 173-189。

提供後世有關臺灣歷史及圖書館史發展之變遷資料，將臺灣資源推展至國際舞臺，或與其他相關典藏單位進行館際資源合作；同時「臺灣文獻資訊網」未來亦可設置網路數位學習平臺，提供讀者有臺灣研究相關課題的介紹，並提供各學科問題的討論與諮詢空間，請專業的研究人員提供指引和回答，加強推廣這些臺灣文獻資料庫，使該批深具臺灣文化特色之資料能裨益學術研究之推展，希望藉此將臺灣研究相關文獻資源未能有效整合，這些都是央圖臺灣分館未來進一步發展的空間與努力之方向。

文獻傳遞服務的好幫手：
談「遠距圖書服務系統」

　　本文旨在介紹讀者使用遠距圖書服務系統的便利性及優點，並希望公共圖書館館員能推廣讀者善加利用，以節省更多時間及掌握資訊。

壹、前言

　　依稀記得學生時代查找資料確實不易，常常為了寫一篇報告，要到圖書館翻遍各種期刊索引、卡片目錄或書目工具書，一一找出與自己寫作主題相關的資料並在筆記本中註記，費時填寫許多調閱期刊的單子，然後請櫃台服務員調出該卷期刊，再抱著這些期刊到影印室前排隊等待影印其中的資料，如果不幸資料被別人先拿去用了，便需等待資料歸架後才能取得，或自己撥空再跑一趟圖書館，這樣周而復始的資料查找過程，常常是一篇報告還未開始整理與寫作，身心便已疲倦無比，也因為如此，學生時代的無數個週末假期便是這樣泡在圖書館中，大家對於查尋資料都興趣缺缺，報告的品質自然是不高了。

　　所幸，伴隨著電腦科技的進步，在圖書館與資料庫代理商的努力合作下，將各種搜尋資料的過程變得更容易，讀者甚至不必出遠門，只要家中裝設電腦網路連線設備，便可藉由電腦鍵盤查尋、存檔和列印文獻，節省許多等候時間和精神，這便是「遠距圖書文獻傳遞服務」所帶來的好處和便利。

貳、「遠距圖書服務系統」介紹

　　「遠距圖書服務系統」的英文名稱是：READncl-Remote Electronic Access/Delivery of the National Central Library，從這個英文名稱可以說明遠距圖書服務系統的目的，就是提供讀者在任何時間、從任何地點，利用個人電腦透過通訊傳輸設備連接網際網路（Internet），就可以檢索國家圖書館的各種電子資料庫中的書目索引資料。除此之外，更可以利用線上直接閱讀、複印、傳真、郵寄或電子傳遞等各種傳遞方式，立即取得所需要文獻全文內容。[1]

　　所謂「遠距圖書服務系統」（http://www.read.net.tw）是由國家圖書館所設置的文獻傳遞服務系統，包括九種資料庫服務系統：「中華民國期刊論文索引影像系統」、「中華民國出版期刊指南系統」、「國家圖書館新到期刊目次服務系統」、「中華民國政府公報全文影像系統」、「國家圖書館政府公報及統計調查目次系統」、「行政院所屬

---

[1]　陳芷瑛，「遠距圖書服務系統」，國立中央大學圖書館館訊，第 26 期，< http://www.lib.ncu.edu.tw/book/n26/26-8.html >（2007.7.22）

各機關因公出國報告書光碟影像系統」、「當代藝術家系統」、「當代文學史料影像全文系統」等，提供資料查詢、文獻傳遞、目次傳遞、資源串連及文教服務等五種。其服務方式是使用者藉由各種查詢點（篇名、作者、類號、關鍵詞、摘要、電子全文等）便可查到的文獻，形式多為單篇文章，如書中特定章節或者期刊卷期中特定文章。另有由圖書館代讀者提出訂購申請掃瞄文獻，通知文獻傳遞服務業者後，經過處理，再傳送文獻到圖書館或讀者手中。傳遞的途徑有郵件、快遞、傳真、網路等，而傳遞的速度與品質也逐漸提升中。

「遠距圖書服務系統」服務的資料類型甚多，服務方式多元而豐富，讓使用者能隨時隨地從網際網路連線到該系統查詢資料庫中的資料，並可要求文獻傳遞服務，透過本系統不但縮短了城鄉差距，也讓國家資源的提供與分享更為公平。該系統豐富的參考資源供各界利用，已受到學術研究人員的喜愛，也為學術圖書館所重視。

圖2-2-1　遠距圖書服務系統檢索畫面

參、遠距圖書資訊系統的優點

　　一份好的研究成果，需要時間細細耕耘，齊全完備的資料更是少不了，與其頻繁跑到國家圖書館列印資料，不如利用遠距圖書服務系統--從選定文獻到資料送達，一切完成於彈指之間--無須受舟車勞頓之苦，也省下花時間找資料、印資料的時間成本，文獻寄送流程高效率，省時便捷；遠距為我們省下更多時間研讀資料與學習，也使我們同時享有愜意的生活。

　　「遠距圖書服務系統」具有下列各項特點：

1. 四海之內皆可使用，二十四小時全天候服務。
2. 豐富的資料庫內涵與全方位的檢索界面設計。
3. 跨平台與跨資料庫整合查詢。
4. 全自動掃描影像與索引書目連結，提供即時文獻傳遞。
5. 電子文獻與出版機構超連結服務。[2]

　　利用遠距科技與技術所提供的服務讓讀者省下許多的不便。由於文獻取得的方便性，使得讀者在學識及涵養上得以持續成長與更新。另外；遠距所提供龐大資料庫，卻是有系統的整理分類，經過關鍵詞的比對技術，讓使用者更容易收集所需要的相關資訊。

---

[2] 同註 1。

肆、結語

國家圖書館「遠距圖書服務系統」所蒐錄之九種資料庫，是學術研究的一項重要資源，也是一般民眾不可或缺的資訊來源。透過「遠距圖書服務系統」，使用者除可查尋相關文獻書目資料，還可利用其複印本文功能快速取得所需全文，系統的學術性與便利性已無庸置疑。整體說來，「遠距圖書服務系統」提供個人以下的方便性與服務性：

(1) 豐富資源和共享的網路化學習資源；

(2) 提供自主學習的機會；

(3) 突破傳統學習的時間和空間限制。

未來學術圖書館應努力的方向是將文獻傳遞服務與其它業務相整合，在行銷推廣並教育讀者使用文獻傳遞服務時應尊重著作權，這樣將能提升國內學術研究風氣，進而提高我國競爭力。

參考資料

方碧玲，「國家圖書館「遠距圖書服務系統」使用經驗談」，書苑季刊49期（民國90年7月），頁81-85。

館際互借之服務

本文在介紹館際互借之發展、國內館際互借之組織模式及館員服務應注意事宜，提供館員與讀者做好館際合作服務之指引。

壹、前言

電腦網路的發達與進步帶動圖書館服務愈來愈便利，但由於圖書資訊的逐漸增加，購書費用卻逐年縮減，因此各圖書館已逐漸形成特色圖書館，僅需蒐集或採購具有館藏特色的資料，不僅節省購書經費，更能滿足各地讀者資訊的需求。

館際互借（Interlibray Loan，簡稱ILL）指讀者在圖書館中借閱其他圖書館書籍、錄影帶、DVD、聲音記錄、微縮捲片，或是雜誌文章複印的服務，使用這項服務有時需付一些小額費用，有時則為免費。一間圖書館擁有可供借閱或複印的資料，資料會被傳送到提出要求讀者所在的圖書館，然後由讀者選擇是要借出或是直接在館內使用。這項服務通常是圖書館之間的協議與合作，資料的遞送也以館際為主。

「館際互借」是圖書館推廣服務的重要項目之一，也是資源共享最具體的表現，其實質效益是可相互查閱典藏之圖書資料與圖書互借，尤其透過電腦與館際合作的方式，服務早已跨越界限，讀者

可前往他館借閱圖書，而讀者所在的圖書館沒有的書與資料，僅需在網路上填寫申請單，便可向其他圖書館提出申請。另外讀者並可指定某一本專業書籍的第幾頁至第幾頁內容，在他館影印之後寄來，只要付影印費就可以得到所需資料。由於目前各圖書館館藏圖書資料均各具特色，因此可互補不足而達到資源共享的目標。

貳、館際互借之發展

從西元1980年代中期開始，館際互借搜尋變的較為容易，許多圖書館允許讀者在圖書館搜尋他們的線上公用目錄，或是透過網際網路來搜尋，這種在同一段時間搜尋一個或所有圖書館館藏的行為是屬於圖書館館際合作。

圖書館使用了權威控制，使得聯合目錄裡的資料能夠為所有的會員圖書館所用，另外，也使得圖書館可以快速的發現其他圖書館的館藏資料，以及面對讀者對館藏互借的使用申請。在美國，OCLC（Online Computer Library Center）常被公共、學術圖書館所使用，而RLIN（Research Libraries Information Network）則主要被學術圖書館所使用，雖然某些圖書館同時是這兩間機構的會員。澳大利亞和紐西蘭則是分別使用如澳洲國家圖書館和Te Puna網路資訊檢索系統之類的國家書目網路系統。

不屬於任何聯盟的圖書館可以藉由參與館際互借，透過郵件、傳真、電子郵件，或電話等人工請求方式來取得館藏。

如果某館藏項目接到緊急外借要求的話，這些要求可以儘快優先處理。館藏項目可通過郵遞寄送，影印及掃描影像則可利用傳真或電子郵件傳遞，但這類服務可能要收取額外費用。各個圖書館可通過互惠協議安排，免費推行館際互借。

參、國內現行館際合作組織模式

目前國內參與館際合作業務組織的大多為學術圖書館（如大專校院圖書館及專門圖書館），公共圖書館較少，而現有的跨校館際圖書互借模式常行之於兩個或兩個以上學校圖書館之間，彼此選擇合作的圖書館（館藏量、地緣關係、館藏特色等），雙方訂定合作模式的協議書，決定交換閱覽證的數量，可相互查閱館藏圖書資料，可互相派員參加研習活動。國內現有類似的組織，如松竹梅三校圖書館、空大與輔大及北師院圖書館、[1]八芝蓮圖書館館際合作組織、北高地區圖書館館際合作組織等，各組織皆順利進行合作交流，其互惠閱覽方式大致為其讀者可前往與該單位訂有「互換借書證」辦法的圖書館借書，只憑服務證或學生證，到出納台換取各館之借書證即可。

---

[1] 江昭青，「圖書館資源共享，五大學聯盟」，中國時報（民國 87 年 1 月 14 日），19 版。

肆、全國期刊聯合目錄暨館際合作系統介紹

　　由行政院國家科學委員會科學技術資料中心與交通大學共同發展完成的「全國文獻傳遞服務系統」（Nationwide Document Delivery Service）（http://ndds.stpi.org.tw/），為方便使用者在線上直接申請「館際複印」或「館際互借」，舉凡館內未蒐藏的圖書、期刊文獻資料，讀者均可經由線上館際合作系統查詢其他圖書館是否典藏，節省傳統郵遞往返的時間，透過該系統運作不僅提升台灣地區館際合作的深度與廣度，更能減輕館際合作業務人員的工作負擔。

圖2-3-1　全國文獻傳遞服務系統檢索畫面

伍、館員服務應注意事項

在館際互借過程中，筆者認為館員應配合以下相關事宜：

一、館員與讀者都應遵守館際合作及著作權法的規定，影印資料不可超過該書或資料的三分之一。

二、由於讀者會利用館際合作之館際互借服務或文獻複印之功能，便表示對於資料的迫切需要，因此負責該項業務的館員便應極力處理以協助達成其需求。

三、搜尋西文期刊館際合作申請時，可利用傳遞服務Ariel，利用傳真機，速度更快，但費用較貴。

四、許多讀者尚不知圖書館有提供館際合作的服務，因此館員應利用各種方式宣傳或推廣這項服務的優點和好處，使讀者透過圖書館的線上聯合目錄查尋該資料所在位置，便能透過電子郵件提出館際互借申請與電子文件傳遞等服務。

五、利用館際合作服務之前，應先在己館線上公用目錄查詢是否為己館館藏，確定所欲申請的資料是己館所沒有的，再利用各種「聯合目錄」查詢或使用其他圖書館、單位的「館藏查詢系統」（OPAC或WebPAC），確定館藏地點，再連線至「全國館際合作系統」，線上申請「館際複印」或「館際互借」服務。

六、國與國或圖書館間的館際互借政策會有異同，所以要經常向有關職員查詢該館現行的政策。

七、如果一項資料無法從你所在國家的圖書館取得，從其他國家的圖書館取得也是可能的（鄰近國家的速度應該較快），雖然這有一點困難。

八、當從其他國家借閱時，保險費和運費也是個議題，對於這個問題，負責館際互借的館員會告知你所需費用。

九、如果你經常使用館際互借，你可能不會在每週都能取得資料（你可能會在一週內取得很多資料，但下一週卻一項資料也沒有），這是因為傳送時間受到很多因素影響而產生變化。

十、OCLC的First Search WorldCat資料庫是最好的館際互借檢索工具，你所在的圖書館可能有線上的「訂閱表」以取得資料（雖然有些鄉間的圖書館仍然是使用紙本訂閱表）。

十一、許多在拉丁美洲出版的書籍被奧斯丁的德洲大學收藏，關於阿拉斯加和極地地區的書籍則來自於Alaska Fairbanks大學的Elmer Rasmusson圖書館。在夏威夷的Manoa大學有著大量關於太平洋島嶼的資料，但是若處在大陸裡，這些資料通常無法被取得。

十二、提供你在線上公用目錄的檢索結果對於圖書館在提供你館際互借服務上是有效的，此外，圖書館較喜歡與有交互協議的機構合作，因為這樣的花費將較少。

十三、善本書是不易取得的，但仍可以取得它的複本，館際互借部門將會嘗試取得常被讀者請求借閱的「罕見」資料，然而，罕見資料僅可在使用參考服務時取得。

陸、結語

　　館際合作的服務品質實有賴於各圖書館館員的努力和合作，假如沒有館際互借服務的話，讀者他必須直接到圖書館使用所需的資料，申請圖書館的圖書借閱證（如果資格符合的話），或是拿出可互相借閱的證件才能借出。比較起來，館際互借所佔的優勢是圖書館館員可以在圖書館中搜尋到較大的資料數量、將資料從幾英哩傳送到幾千英哩的地方、並允許讀者使用自己原本圖書館的圖書借閱證來借閱資料。此外，在相同的圖書館系統下借閱只要花一到兩天的時間，但在不同的系統下則需要花費一個星期，甚至更多的時間，資料才會送達。假如一個資料不常見或是不易取得，館際互借將會是一個簡單的方法，然而，這項服務並不能保證提供借閱的圖書館一定會將資料傳送給你，因為有些館藏是不提供流通的，圖書館唯有不斷提升圖書館的服務品質和效率，才能讓服務品質更增加價值。

參考文獻

1. 黃怡真，「七校圖書資源互通有無」，中國時報（民國87年11月2日），20版。
2. 曾秀英，「查詢資料，文化中心服務到家」，中國時報（民國87年8月6日），20版。

公共圖書館的資訊轉介服務

本文在介紹讀者公共圖書館所提供的轉介服務之定義及其利用方式、轉介服務應注意事項及資訊等。

壹、定義

美國圖書館學會（American Library Association）中的公共圖書館學會（Public Library Association）於西元1985年所修訂的「建立公共圖書館社區資訊服務之轉介準則」中對「資訊轉介服務」（Information & Referral Services，簡稱 I & R）的定義，認為：「I & R是個聯繫的程序，是將讀者與其所需的服務結合起來，或是將讀者與其所需的資訊來源、建議聯繫起來的過程。」

國內邵婉卿指出「資訊轉介服務是當圖書館無法提供詢問者需要的資訊服務時，進而利用各種方法指引讀者至可能解決該問題之適當個人或機構的一種服務。」[1]

「全國圖書館館際合作綱領」特將「轉介服務」與諮詢服務、資訊檢索服務、群體討論納入合作參考及資訊服務部分，各公共圖

---

[1] 邵婉卿，<u>美國公共圖書館資訊轉介服務之研究</u>（臺北市：漢美，民國 81 年）

書館將「轉介服務」之業務置於參考部門，認為「轉介」是為了幫助詢問者取得適合的資源，而嘗試對外聯繫的一種實際行動。

因此，當圖書館的館藏資源欠缺或館員本身能力無法提供讀者滿意的答覆或深入的相關資料時，便要將讀者的問題轉介到其他組織、機構或是能滿足需求的個人，這整個過程我們稱之為「轉介服務（referral service）」。[2]

貳、哪些問題需要轉介服務？

由於公共圖書館的讀者無分年齡、性別、教育程度，因此其資訊需求的深度也不同。所提出的問題包羅萬象且含括各類主題，且館員若以有限的館藏資源服務讀者，自然無法滿足需求，因此需藉助外界的支援，以提高圖書館參考服務之效能。根據徐芬春訪問國內公共圖書館參考館員的結果發現，公共圖書館轉介服務的參考問題臚列如下：

1. 醫學方面涉及治療過程、法律問題涉及法條解釋等政策上不予回答的參考問題，但因讀者確有其個別需要。
2. 研究型的問題因涉及較多的能力。
3. 館藏資料不足的問題。
4. 因本身學科背景不足，尤其是自然與應用科學類的問題。
5. 最新的統計數據無法獲得。

---

[2] 鄭雪玫，「資訊轉介服務」在圖書館學與資訊科學大辭典（中冊），（臺北市：漢美，民國 84 年），頁 1774-1775。

6. 專門性的問題而非公共圖書館館藏所能予以解決的問題。[3]

針對以上讀者所提問題，筆者認為館員在提供轉介服務前，宜嘗試先以網際網路的蒐尋引擎尋找相關資源，或請教圖書館內較有經驗的同仁，若實在無法解決問題時，才轉請其他大型圖書館、相關機構或與問題相關之專門圖書館或專家學者代為解答。

參、轉介服務應注意事項

資訊轉介服務看似簡單，但筆者認為館員提供轉介服務仍應注意下列事項：

1. 平日應多了解並熟悉國內外各種社會資源及機構的特色。
2. 館員應判斷參考問題的性質是否應做轉介服務，如果轉介不可能得到答案或不願意回答的問題就儘量不予轉介，以免增加讀者、轉介單位或被受理轉介單位的負擔。
3. 轉介時應先考慮讀者的便利性和資料來源的公信力或權威性，除了告訴讀者何處可得到更多的資料或答覆外，同時提供所指引的機構、圖書館或專家的相關資訊（如地址、電話、開放時間、公車路線、網址或對讀者的限制等）。

---

[3]　徐芬春，臺灣地區公共圖書館轉介服務之研究與分析，淡江大學教育資料科學研究所碩士論文（未出版），民國 84 年。

4. 轉介服務前應先告訴讀者為何要轉介至其他單位，此方式僅能善加運用而不能完全依賴，以免造成讀者誤以為館員不願協助或互相推卸責任。

5. 盡量以指引及教導的方式告訴讀者如何利用圖書館查詢資料，不要養成讀者只利用電話便能得到資料的錯誤認知。

6. 館員應依讀者需求程度，決定是否提供轉介服務，如果讀者對於所提供的答案不夠滿意，或對於答案需求的迫切性，館員應盡其所能讓讀者得到最好的服務。

資深館員平日應以豐富的經驗帶領資淺館員，先剔除一些不必轉介的參考問題，對於較特殊的問題，應詳細記錄解答過程及所轉介單位，並讓同仁傳閱，如此不但可使經驗傳承，也可對新進人員施以有效的訓練。

肆、轉介服務的相關資源

便利的網際網路雖能協助館員找到許多相關資源，但有些問題仍是館員無法解決或解釋的，因此推薦或引介讀者到具有特色的圖書館或相關資源，是館員應有的認知。通常這些圖書館的館藏會較為專精完備，或其館員具學科背景，提供讀者轉介服務也會有較大的幫助。

館員提供轉介服務時不要以圖書館或資料室為限，而需視問題性質以決定轉介單位，舉凡中央及地方政府機關、社教機構、學校、

基金會或學者專家等皆可為轉介對象。國內較具特色之圖書館或資料室大多在北部地區，不一定方便全國各地公共圖書館讀者就近利用，但仍可提供公共圖書館轉介服務。

伍、結語

參考館員平日應熟悉館藏資源的使用，提供讀者更多元化的服務，而轉介服務僅是參考服務過程中的一個方法，也是在無計可施的情況下之最後措施，因此館員僅能善加運用而不能完全依賴。大英圖書館的負責人華生（M.S.Watson）說：「圖書館不能再以坐擁書城為滿足，要告訴民眾、工商界要找資料就到圖書館來，這才是未來圖書館生存之道」。[4]處在高度資訊需求的世紀，如何幫助一般民眾快速獲得所需資訊，是公共圖書館館員應盡之責也是責無旁貸的義務。

4　同註1。

國內報紙資源的蒐尋方法

　　本文主要在介紹各種檢索國內報紙資源之方式，包括：紙本式報紙論文索引、報紙微捲、報紙縮印本、剪輯資料、光碟資料庫、線上資訊系統、網路上檢索報紙的網站及報社新聞資料庫等等，期望能協助讀者或研究人員迅速尋找到過去報紙上之相關資源，以利其學術研究的發展。

壹、前言

　　儘管資訊時代來臨，各種傳播媒體隨著資訊科技發展先後問世，然而，報紙至今仍是歷史悠久、影響深遠與持久傳訊的媒體。報紙每天提供讀者和現代生活習習相關的各種資訊，讓大家能迅速瞭解當代的政治、經濟、社會文化的變遷，尤其閱覽方便，內容多元性，更有支援學術研究的功能，因此，它早已成為日常生活的必需品。

　　臺灣自民國七十七年元月解除報禁後，報紙便如雨後春筍般大量的出刊，不但新的報紙相繼刊行，連原有的報紙也陸續擴張增版，使得報紙的新聞言論逐漸開放並受到重視。然而，由於報紙內容分散、知識無系統且查詢不便，使得讀者及研究人員經常不知如何透過簡易的檢索去查詢與利用報紙的資源。有鑑於此，筆者將透過本

文介紹國內各種查詢報紙資源的方法，俾能引導讀者在查詢報紙資源時趨於便利。

貳、報紙資源的重要性

報紙的內容為整個社會的縮影，不但記錄了社會變遷、世人的心態及物質文化的發展過程，且內容主要反應當時的社會、政治、經濟、文化、教育及科技等情況，提供讀者在最短的時間便能很快的對整個世界所發生的事有所瞭解。大陸的池興棠先生曾將報紙的資訊歸納為以下六種特點：即信息傳播速度快、內容豐富、史料性強、傳播面廣、內容新穎及可信度高等，[1]因此，其內容常為反應社會各方面發展的第一手資料，也是政府決策、科學研究與社會生活所不可缺少的資源。

然而，由於報紙材料分散、知識無系統、科學性較差且檢索不便，因此，不似一般的圖書或期刊經常為研究者所引用，不過仍有少數的研究者會以報紙的內容作為研究的材料，尤以社會科學為然。大陸黃海明先生乃根據過去的圖書館學情報研究中發現：報紙具有報導及時、內容豐富、信息可靠及具權威性的特點，因此，仍被2.24%的研究人員所採用；[2]國內陳旭耀先生也針對臺灣地區的圖書館學研究論

---

[1] 池興棠，「試談報紙信息源的開發與利用」，圖書館論壇，1994 年，頁 83。

[2] 黃海明，「淺談報紙在圖書館情報學研究中的利用」，圖書館論壇，1995 年，頁 65。

文分析統計,發現在研究中有0.92%的文獻是以報紙為引用的素材。[3]由此可見,報紙資源其實仍有提供研究人員有關新聞訊息及歷史背景資料的補充功能,只因過去檢索工具的不便利,以致吸引少數人去利用。

參、報紙資源的檢索方法

除非讀者要查找最近幾天的新聞或消息,否則查找報紙上的資源便有如大海撈針一般,非常費力。其實,若能透過若干的檢索服務,將能迅速的查找到所要之新聞,職是,為協助讀者與研究人員查找報紙資源的便利,筆者乃就目前國內一般圖書館所提供有報紙的檢索工具,較常被利用的檢索方式分次整理如下,以提供一般讀者或學術研究人士簡便的查詢指引。

一、紙本式報紙論文索引

早期電腦系統不普遍時,查詢過期報紙都以紙本索引為主,但由於現今電腦報紙資訊系統的方便,這類索引已較少被讀者使用,茲舉出這類較著名的索引如下:

---

[3] 陳旭耀,「臺灣地區圖書資訊學碩士論文及其引用文獻之研究」,輔仁大學圖書資訊學碩士論文,民86年,頁100。

1.中文報紙論文分類索引／國立政治大學社會科學資料中心編

本索引為提供學術研究和讀者查檢文獻出處之用，創編於民國52年，年出一輯，以收載前一年報紙論文編目為主。本書所收報紙以在臺灣及香港等地所發行的中文報紙為主，其學科範圍以社會科學與人文科學的學術性論文為主（包括商業和企業管理），至於自然與應用科學方面之論述，如涉及政治、經貿、社會等層面，亦予以收錄。本索引內容分為「分類索引」和「輔助索引」兩部份。前者係採條列方式編列，依賴永祥編訂之中國圖書分類法分類，每一條索引條目依次分為「主題索引」與「著者索引」，俾便讀者擴大查檢途徑，並提高查獲率。

2.立法報章資料索引／立法院圖書料室編（民國75年至民國88年）

立法報章資料索引是立法院圖書資料室收錄十餘種報紙之相關資料，彙總整理後，按月出版。本索引蒐集之主題範圍包括：立法院立法或審議之法律、醞釀中之法案、行政院施政方針及施政報告，立法委員問政內容及相關動態等。而每一款目著錄資料之類號、檢索碼、性質、文字數、報紙原標題等、撰者、報紙名稱、日期、版次、主題詞彙等。每期並附全國法政紀要、人名及職銜索引。

其他如《中央日報近三十年文史哲論文索引》、《中文報紙文史哲論文索引》則為查找過去自西元1936年至西元1971年報紙資源的索引。

二、報紙微捲

由於圖書館空間有限，為節省報紙資料的儲存空間，都紛紛以選擇縮影資料為館藏重點，報紙微縮影版的出現，正是因應這種情勢而生。而利用報紙微捲的效益與優點在於節省儲存空間、增加管理效率、利於永久保存與原文取得的容易。

許多早期的報紙由於紙質容易發黃，翻閱不易，都已翻拍成微縮捲片，利用圖書館的微縮影閱讀機便可蒐尋過去的新聞，並可列印。例如一些圖書館便典藏有日據時期所發行的《臺灣日日新報》報紙。

而國內的漢珍圖書縮影公司與相關機關洽商取得中央日報、自立晚報、中華日報與聯合報等四種報紙微捲代理經銷權，部份的大型圖書館已有蒐羅典藏，讀者可藉由提供這項服務的圖書館查找。

三、報紙縮印本

報紙縮印本是指報社將過期的報紙以縮小技術印製以提供讀者快速查詢使用的冊子，過去曾印製有縮印本的報紙，如：聯合報、臺灣日日新報、中央日報、經濟日報、自立早報等，均能協助讀者查詢過去的新聞史料（見表2-5-1），近幾年來由於報紙的增張與版面增加，再加上資訊科技的進步，縮印本已逐漸由光碟及線上資訊系統所取代，目前各報社已無續印報紙縮印本的計劃。不過，仍有少數圖書館典藏有報紙的縮印本。

四、剪輯資料

剪輯資料（clipping）係將散見於報章或其它印刷品上，具有參考價值的資料剪取彙存，依分類或標題排列成卷，許多圖書館均有剪輯資料的服務，係針對報章資料各種主題予以剪取、分類及整理，以方便讀者的查檢與使用。[4]

過去國內的公共圖書館，如：臺北市立圖書館、省立臺中圖書館及高雄市立圖書館等，針對綜合性的剪報已有多年的歷史，另外一般圖書館或專門圖書館則仿該館的館藏特色予以剪輯，如：國立中央圖書館臺灣分館剪輯臺灣史料方面的資料；國立中正文化中心的表演藝術圖書剪輯有關表演藝術相關的資料；國立臺灣師大圖書館則剪輯教育類之資訊；立法院圖書資料室剪輯有關法政方面的新聞資料……等，這些均可提供不同需求的讀者查找資料的方便，然而由於電腦報紙資訊系統的發達與方便，這些剪輯資料慢慢已被取而代之了。

五、光碟資料庫

國內現已將報紙建立成光碟資料庫的約有中央通訊社新聞光碟資料庫、漢珍公司發行的即時報紙標題索引資料庫、政大社資中心發行的中文報紙論文索引及卓越商情公司所發行的卓越商情

---

[4] 王錫璋，圖書館的參考服務—理論與實務（臺北市：文史哲，民 86），頁 29。

報紙光碟資料庫等。茲就各類型光碟資料庫作一比較與介紹（見表2-5-2）。

中央通訊社新聞光碟資料庫是一全文檢索之電子資料庫，每年度報導的篇數約十萬餘則。記錄國內外及大陸地區全年度所發生的各種事件與現象，範圍涵蓋政治、財經、教育文化、體育影藝休閒等各類新聞；採訪地區分為國內、國外及大陸地區；檢索方式可為任意詞檢索、標題檢索、欄位檢索、分類檢索、布林運算、設定期間條件等十六種方式，或不同方式組合檢索，並提供有資料檢索、儲存及列印全文等功能，對於讀者的使用非常便利。

六、線上資訊系統

線上資訊系統乃是可由終端機設備透過連線而取得主機所建立的資料，茲舉國內的報紙線上資訊系統二例介紹之：

1.立法院新聞知識管理系統
（http://nplnews.ly.gov.tw/index.jsp）

立法院新聞知識管理系統係立法院立法資訊工作六大計劃之一，主要目標乃提供立法新聞之檢索，經由電腦化作業，同時迅速、正確獲取相關參考資訊。該系統收錄的新聞資料包括：法律及法案背景資料、政府施政、立法院動態、時政要聞等資料，該系統的資料可分為二大部分，包括新聞電子檔與新聞影像檔，可溯自民國七十五年九月迄于今。

2.卓越商情資料庫（http://ebds.anyan.com.tw）

　　從西元1987年起蒐錄臺灣20種專業報紙，資料每日增加，蒐錄主題以國內財經資訊為主，兼顧國內政經要聞、財經資訊、工商業動態、大陸政經、科技、醫療、衛生、教育文化，以及人物、企業集團等，並提供有多功能的全文檢索功能。

七、網路上檢索報紙資源的網站

　　網路上有關各國報紙的網站有許多，隨機可得，不僅隨時提供讀者即時新聞，使讀者即使不買報紙也能獲得最新的訊息，只要讀者透過國內外各網路蒐尋引擎（Search Engine）（如：蕃薯藤、CAIS、Yahoo、Lycos……）鍵入報紙的關鍵字，便可連結到各大報紙的資源及網址，另外，臺灣蕃薯藤（Yam）也有專門有關新聞的網頁，以提供讀者能非常方便的查詢利用。

　　以下僅介紹網路上的報紙網站、中央通訊社及漢珍圖書縮影公司所新開發的即時報紙新聞索引資料庫的網站供讀者認識。

（一）網路上的報紙網站
（http://www.cheston.corn.tw/html/news.htm/）

　　本網站將臺灣現有的報紙網站全部集中在一起，只要選擇所欲閱讀的報紙名稱，便可連結到該報社的網站，使讀者即使不購買報紙也可享受閱讀多份報紙的樂趣！

（二）中央通訊社網站（http://www.cna.com.tw）

中央社的網站提供有簡明新聞、全文新聞、商情新聞、新聞圖片、活動預告、全球重要報紙頭條、歷史上的今天、臺灣報紙新聞頭條及報紙重要新聞簡報；中央社分類即時新聞、中央社個人電子報、簡明新聞檢索系統、中央社全文檢索資料庫，並依區域區分國內、國外、大陸的政治、財經、交通、文教、體育、社會、國會、地方新聞及編輯公電之相關新聞。

（三）即時報紙標題索引資料庫（http://www.tbmc.com.tw）

本資料庫為漢珍公司所開發，該資料庫需透過一般的瀏覽器即可連線查詢，所蒐錄資料範圍包括：臺灣地區的聯合報、中國時報、經濟日報、工商時報、中央日報等當日新聞標題索引，檢索欄位有主題（標題）、報導來源（記者）、報刊名、報導地、日期及版次等，並提供多樣化的檢索功能。

八、報社自行開發的新聞資料庫

目前查詢早期報紙新聞最快速的方法，便是利用報社新聞資料庫，如目前最熱門的中時報系及聯合報系便是將舊新聞數位化製成資料庫查詢，唯此等資料庫通常在稍具規模的圖書館或大學裡的圖書館才會購置。

聯合知識庫是華文最大新聞資料庫，點滴紀實為台灣寫歷史，網羅歷時五十多年、主題豐富的圖片資料，可以全文檢索，即輸入檢索字串，並設定條件，透過搜尋引擎便可能查詢到符合條件的資料；亦可依自己所需設定檢索策略，每日相關的新聞便會自動匯入。

在影像圖庫方便，除了見報圖片外，圖庫亦收錄未見報之圖片，讓讀者可選擇同一新聞事件、不同角度的影像。並加值精選出最新時事話題、反映社會脈動的圖片專題，具備故事性、時效性、方便性，素材多元、找圖方便。

肆、結語

過去報紙新聞保存不易，除了館藏空間的困擾外，紙質的保存與資料調閱查詢等都是圖書館的難題，而現今由於技術不斷地更新進步，已能逐漸藉由電腦的選鍵，便進而在螢幕上顯示或列印出該篇剪報全文，這對館員的剪報保存與管理，或是讀者的剪報查閱，都是最佳的策略。

剪報資源雖然僅為參考資源中的一小部份，卻是協助研究人員、讀者與圖書館館員追溯過去新聞歷史所不可或缺的一項資源，現今科技的進步使得查詢報紙資源不再那麼煩瑣，而學會以上各種檢索方法，將使研究的文獻來源更為多樣化；而讀者也將能借由此項功能協助自己尋找過去相關的新聞訊息，而增加更多的參考資料來源！

參考資料

1. 王振鵠等，<u>圖書資料運用</u>（臺北縣：國立空中大學，民國81年），頁218-219。

2. 王錫璋，<u>圖書館的參考服務</u>（臺北市：文史哲，民國86年），頁294。

3. 國立政大社資中心編，<u>中文報紙分類索引</u>（臺北市：編者）。

4. 立法院圖書資料室編，<u>立法報章資料索引</u>（臺北市：編者）。

5. 黃海明，「淺談報紙在圖書館情報學研究中的利用」，<u>圖書館論壇</u>，1995年，頁65-67。

6. 張淳淳，<u>工商圖書館</u>（臺北市：漢美，民國79年），頁31-38。

7. 趙俊邁，<u>媒介實務</u>（臺北市：三民書局，民國71年），頁7-9。

8. 漢珍圖書縮影公司，<u>邁向電子圖書館</u>，民國86年。

9. 鄭恆雄，<u>中文參考資料</u>（臺北市：臺灣學生，民國77年）。

10. 聯合知識庫簡介。

表2-5-1　國內出版報紙縮印本一覽表

報　紙　名　稱	出版單位	收　　錄　　年　　限	出版冊數
中央日報縮印本	中央日報社	民國 38.3.～74.12.	116 冊
聯合報縮印本	聯合報社	民國 40.9.～69.11.	100 冊
經濟日報縮印本	聯合報社	民國 56.4.～59.12.	12 冊
自立晚報縮印本	自立晚報社	民國 36.10.～76.10.	106 冊
臺灣日日新報縮印本	五南出版社	明治 38.7.～44.11.	272 冊

表2-5-2　國內各類型光碟資料庫一覽表

特　性＼資料庫名稱	中央通訊社剪報資料庫	中　文　報　紙論文索引 (ICN)	即時報紙標題索引資料庫	卓　越　商　情（報紙部份）
發　行　機　構	中央通訊社	政大社資中心	漢珍資訊系統公司	卓越商情公司
收　錄　報　紙	臺灣 20 種港報 4 種大陸報 25 種	以社會科學爲主（包括商業和企業管理），至於自然與應用科學方面之論述，如涉及政治、經貿、社會等層面，亦予以收錄，資料以專欄／專文、社論爲主。	包含政治、社會、財經、影藝、體育及所有報紙上所出現的新聞事件。	以國內財經資訊爲主，兼顧國內政經要聞，工商業動態、大陸政經、科技、醫療、衛生、教育文化、人物以及企業集團等。
提供報紙原件	剪報全文影像	無	整版報紙全文影像	提供報紙複印
收　錄　年　限	民國 80 年 3 月～（1991～）	回溯至民國 52 年至目前版本 (1985.1～)	民國 85 年 1 月～（1996.1.～）	民國 76 年 6 月～（1987～）

留學參考資源的蒐集與利用

　　本文在協助有意出國的學生能自行蒐集及檢索留學資源，或可作為各大學或設有留學參考室的圖書館推動輔導留學業務的參考。

壹、前言

　　隨著時代腳步的進步及國際間教育資訊的快速流通，整個教育的環境已逐漸走向國際化與專業化，出國留學已經不再是一件困難的事。有的人因為不滿意國內的教育制度想要接觸另一國家的教育方式，因而有出國留學的打算；有些人則因崇洋，認為外國的月亮比較圓，而想出國接觸不同文化及教育的制度。

　　國內自第一位留學生清朝的容閎提倡出國留學政策以來，便開啟了國人出國留學的風氣，根據教育部的統計自民國四十一年迄今國人出國留學的國家以美國居多，其次為英國（第二）、澳洲（第三）、日本（第四）、加拿大（第五）、法國（第六），其他國家的比例則為少數，[1]可見大家都偏好到已開發國家留學。

　　大多數同學剛開始申請國外學校時都會面臨到許多問題，他們雖然知道要找資料，但卻經常迷失在市面的資料；求助坊間的留學

1　教育部 86-95 年我國學生主要留學國家簽證人數統計表，教育部國際文教處網站＜http://www.edu.tw/EDU_WEB/web/BICER/index.php＞（2007.7.15）

代辦中心，卻又因參差不齊的素質而花了許多冤枉錢，徬徨無助卻又不知所措。

　　為此，筆者希望將一般國人經常會利用的留學參考資源加以介紹，盼透過本文協助有意出國的學生能自行蒐集及檢索留學資源，另外或可作為各大學或設有留學參考室的圖書館推動輔導留學業務的參考。

貳、留學參考資源介紹

　　有關蒐集留學參考資源，筆者建議讀者應先選擇要留學的國家，再從自己未來想要唸的學科或主題去蒐集，依照自己的能力與程度逐漸縮小範圍至適合的學校，以下分別列出相關資源供參考：

一、大學簡介及目錄

（一）綜合性名錄

1.《The World of Learning》/ Europa

　　這是由英國倫敦的Europa公司所編輯出版，專門介紹世界各國大學及研究機構名錄的重要工具書，每年出刊。該書對於綜合性大學的介紹內容較為詳細，除學校情況外，還有教授名冊及研究方向等。

2.《International Association of Universities》/ International Association of Universities

本書為國際大學協會（International Association of Universities）所編輯出版。該書共蒐錄全球174個國家、六千多所大學校院的資料，詳細介紹各校現況，並兼及入學需求條件、費用、教學使用語言等；該書並發行光碟提供快速查詢，算得上是便利好用的參考工具。

3.《Directory of Graduate Programs》/ ETS

本書專以介紹美國的研究所為主，每兩年編修一次。內容包括學位授予、入學要求、獎助金之申請等相關訊息，其中入學要求及獎助學金發放情況較為具體。

4.《Peterson's Guide to Graduate Study》/ Peterson's

本套叢書堪稱是介紹美國、加拿大各大學研究所教育的權威性指南，每年更新。全套書有六冊，分別為總覽、人文與社會科學、生物與農業科學、自然科學與數學、工程與應用科學及商業、法律、教育等。每分冊又區劃為兩部分，第一部分為各大學招生情況簡介，包括學校住址、招生情況、獎助金發放情形、申請截止日期、學位授予、申請費、學費、語言成績（TOEFL，GRE，GMAT）、電子郵件等；第二部分為兩百餘所大學的詳細介紹，除含第一部分介紹的內容外，還列有部分教授名冊及研究方向，為一套非常實用的參考用書。

（二）各國學校全覽目錄

各國教育主管機關或專業協會為方便外國人到當地國留學選校或選系參考，均編輯有各國學校全覽目錄，其內容概以全國大專院校為範圍，查詢學校通訊地址、網址、電話及電子郵件信箱，大學所設科系所、簡史、費用、圖書館藏書量、學生總人數、入學需求條件、學生／教師人數比例、學生生活情形、住宿、學校資料、申請費用、連絡方式（住址、電話、傳真、電子郵件、網址等）及該校位置地圖，書後通常會列有課程、主題或學校索引供檢索；另外亦有依學科分冊編輯的學校全覽目錄。

（三）各國學校單校目錄

由於各國大學為推廣該校留學資源，大多會出版學校目錄（Catalogue）或簡介以廣為宣導，此類資料多為小冊子，書中詳細介紹各院、系所的概況、課程設置、研究方向、設備、師資概況等，由於這類資料每年都會更新，因此同學最好直接到各學校的網站，連結該校網站瀏覽留學資源，或透過線上登錄或電子郵件索取均可。

（四）教育部編印之國外大專院校參考名冊

教育部為查證及認定國外學歷是否為正式學制及相當國內教育的層級，參考各國教育主管機關所出版的認可名錄編輯各國大專院校參考名冊，不過這些參考名冊僅作為國人留學選校之參考，並不

作為「認可名冊」之用，倘各國大專院校認可資格有所易動，則以當年該國所出版的認可名錄為主。

目前該部將所編輯的認可名冊置於所輔導的八所圖書館留學資料室（見表2-6-2）及教育部國際文教處網站內。

如果想要瞭解所就讀國外學校之學位是否被國內教育部承認，除了該校須列名於教育部所編輯的參考名冊中，還要符合教育部95年訂定發布「大學辦理國外學歷採認辦法」所列的規定方可被承認。由於教育部民國95年最新的要點規定「最新出國進修年限將改採累計方式計算」，只要在該部所認可的國外大學進修，碩士學位累計在當地修業時間滿八個月、博士學位累計滿十六個月、或碩博士同修累計滿二十四個月以上，其學位可為教育部所承認。

至於隔空教學及函授或網路上課方式，教育部為維持學位品質，也在該要點有所規定，凡經函授方式取得、以遠距教學方式修習學分數超過總學分數三分之一、以中文授課所頒授的學歷、在他國設分校但未獲當地國教育主管機關認可取得的學歷、經國外大學或機構委託在國內招生授課取得的學位，及其他不符規定者，均不予查證、認定。

二、本國留學法令相關規定

國內主辦留學業務之主管機關為教育部國際文教處，因此該處有關留學法令相關規定編輯如下常用之書：

（一）《國際文化教育法規選輯》／教育部國際文化教育事業處

本書內容包括有駐外機構及人員相關法規、國際學術交流相關法規、教育人員出國相關法規、留學輔導有關法規、在學學生出國有關法規等。

（二）《留學手冊》／教育部國際文教處編輯

本書內容有留學資訊機構簡介、出國手續說明、公費留學、獎學金考試及留學服務事項簡介、留學生返國服務相關法規、駐外機構通訊一覽表及其他相關規定等。

三、留學光碟資料庫

由於光碟資料庫的檢索方便，各國大學除了發行紙本式的學校目錄及簡介供檢索外，亦發行光碟版供查詢，目前國內各縣市文化局圖書館及大型公共圖書館或大學圖書館均典藏有留學的光碟資料庫，可直接由線上檢索資料、存檔、列印以及電子郵件傳送功能，這些資料庫均可快速依檢索點（如學科、地區等）檢索到符合條件的學校，相關光碟資料庫介紹如下：

1. 美加研究所指南資料庫（Peterson's Gradline）
2. 美加大專院校指南資料庫（Peterson's College）

這兩種資料庫收錄美加地區1,500餘所大專校院300多個學科範圍之大學、研究所及課程介紹,自1990年迄今,可查詢大學學校名、單位名、城市、州別、國別、校名、學校網址、大地理區域、單位名、學科名、專案資訊等。

四、學校排行榜

學校排行榜是供查詢學校名氣的參考依據,這些資料大多為民間社團組織所評鑑的,以下介紹三個國家常用的排行榜,由於排行榜名單每年均會變動,故同學需注意其發佈時間,這些排行榜資料通常也可自網上取得。

(一)美國

1. U.S. News:由美國新聞雜誌所提供的排名。

2. Money's Value Ranking:由錢雜誌所做的大學排名,係根據16項考慮因素而成的。

3. The Gourman Report:高曼報告係將各系所課程、師資、研究及圖書設備加以評分而列出前十幾名至前一百名學校,主要以查詢研究所為主。

（二）加拿大

加拿大麥克琳雜誌（Maclean's）：此雜誌為加拿大雜誌中媲美美國U.S.News排名雜誌，雜誌中以醫學院與博士課程、大學部課程、課程不分類等三種類別，選列出該年度加拿大最傑出大學排行榜。

（三）英國

英國Research Assessment Exercise此排行榜由英國三個教育機構委員會（英格蘭高等教育委員會、威爾斯高等教育經費委員會、蘇格蘭高等教育經費委員會）以及北愛爾蘭教育部共同負責，評鑑的對象包括有69個學科領域。至於國人常去的法國及德國之大學則不分級也無所謂的「排行榜」。

五、獎學金申請的查詢

獎學金的申請對於留學生也是非常重要的一件事，尤其如果申請到獎學金將可協助減輕其經濟及財務上的負擔，一般申請要求大都從學術表現（即過去的成績要好）、課外活動（在社團組織及課外活動的參與情形）、就學動機（為何赴該國該校求學的理由）、經濟需要等等，以上四項都會被列入考慮的範圍，當然有的獎學金還會設限其他條件（如科系、年齡、宗教、國家等限制），而所有申請者均會被仔細的評量，有的獎學金最後還需通過面談才能獲得。

以下是幾種查詢獎學金的方式：

1. 查詢中華民國留學資訊站之最新獎學金訊息。

2. 直接打電話或以電子郵件詢問各國教育中心服務人員。

3. 查詢各國教育中心網站或刊物報導。

六、學校同學會聯絡事宜

各學校為了讓初次出國的留學生能很快地適應留學國家及學校的生活，均有同學會的設置，其功能及目的主要在於「薪火相傳」，從「新生接待」一直到「就業資訊」的提供等，另外同學會也會經常舉辦活動以促進國際文化交流並解海外學子鄉愁。

要查詢與國外大學中國同學會的聯絡方式，可透過中華民國留學資訊站，該網站有一選項「海外同學會」，專門查詢國外大學同學會的聯絡方式，包括會長的通訊地址、電話、Email等，因該網站主要以較常留學國家的大學為主，故若所要查詢的學校未列在上面則需利用電子郵件與各國駐外代表處取得（駐外代表處通訊方式詳見本文介紹之留學網站）。

參、留學資源的蒐藏地點

坊間許多良莠不齊的留學代辦中心雖然也有留學資源可供蒐集，但大多採取會員制的收費方式才能讓讀者取得資料。為了提供讀者較為公正客觀且免費服務的留學資料中心，筆者乃就國內各國

教育中心及教育部所輔導的八所圖書館留學資料室的服務項目介紹
如下供民眾參考。

一、各國教育中心

　　各國為協助並鼓勵國內的民眾前往該國留學均在臺設立教育中
心（見表2-6-1），各教育中心有專門的顧問可供諮詢和輔導，並提
供建議，其服務大多免費。

表2-6-1　各國教育中心一覽表

國家名稱	機構名稱（網址）	通訊處
美國	學術交流基金會 http://www.saec.edu.tw	台北市延平南路45號2樓（延平南路與漢口街口） 02-2388-2100
	美國教育中心基金會 http://www.aief.org.tw	臺北市復興南路一段237號5樓之1 (02)2705-8840
日本	日本交流協會臺北會務所 http://www.saec.edu.tw/scholar/sch2 0.htm	臺北市敦化南路一段245號10樓 (02)2741-2116　ext 20
加拿大	加拿大教育中心 http://www.canada.org.tw	臺北市105復興北路365號13樓 (02)2544-3000
英國	英國教育中心 http://www.britishcouncil.org.tw/	11047台北市信義路五段106號2樓之一 (02)87221000
澳洲	澳洲教育中心 http://www.aec.org.tw	台北市松高路9-11號27樓（捷運市政府站2號出口） 電話：02-8725-4150
紐西蘭	紐西蘭教育中心 http://www.nzec.org.tw	臺北市基隆路一段333號25樓2501室 (02)2757-7060　ext 229,205
法國	法國在臺協會 http://www.fi-taipei.org	臺北市敦化北路205號10樓1003室 (02)3518-5151
荷蘭	荷蘭貿易暨投資辦事處 http://www.ntio.org.tw	臺北市民生東路三段133號5樓B室 (02)2713-5760　ext 13
德國	德國學術交流資訊中心 http://ic.daad.de/taipei/	臺北市和平西路一段20號11樓（力麒中正大樓11樓） (02)2367-7871

二、教育部所輔導八所圖書館留學資料室

　　教育部為提供及輔導國內青年學子留學業務，在全省東西南北中及外島等八個圖書館附設留學資料參考室（見表2-6-2），各資料室除陳列留學相關書籍、大學簡介及目錄外，並設有專門人員為擬出國留學之同學提供免費諮詢輔導服務。

表2-6-2　教育部輔導八所圖書館留學資料室一覽表

圖書館名稱	地址／電話
1. 國立中央圖書館臺灣分館 　留學資料中心	臺北縣中和市中安街85號 02-29268882
2. 臺北市立圖書館總館 　留學資料參考室	臺北市建國南路2段125號3樓 　02-27071008
3. 國立臺中圖書館 　留學資料參考室	臺中市精武路291之3號 04-22261105
4. 高雄市立圖書館 　留學資料中心	高雄市大順二路468號4樓（寶珠分館） 07-395-0813
5. 花蓮縣文化局 　留學資料參考室	花蓮市文復路6號 03-8227121
6. 澎湖縣文化局附設圖書館	澎湖縣馬公市中華路230號 06-9261141
7. 金門縣立社會教育館附設浯江圖書館	金門縣金城鎮珠浦北路35號 0823-27682#101
8. 連江縣立社會教育館附設圖書館	連江縣南竿鄉馬祖村5號 0836-22393,22112

肆、留學相關網站

在網路上要查找有關留學網站的資料非常多，但筆者認為較適合國人利用且編輯較為詳盡的留學網站如下：

一、教育部國際文教處網站
（http://www.edu.tw/EDU_WEB/Web/BICER/index.php）

這是國內的官方網站，尤其是出國留學學子一定要造訪的網站，該網站內容包括有一般留學資訊、公費留考、獎學金、同學會、留學出版品、留學安全、留學統計、國外學校資訊、國外學歷認證及留學服務業等，並有歷屆公費留學考試題，內容詳盡，可供參考。

二、中華民國留學資訊站（http://www.saec.edu.tw）

該網站是教育部與學術交流基金會所設置的中華民國留學生網站，可連接海外留學資源，便利民眾透過網路查詢各國留學訊息，留學資訊站的內容包括「各國留學資訊」、「留學考試」、「獎學金申請」、「中國同學會」、「老鳥菜鳥討論室」、「其他網路資源」等。

三、教育博覽會網站（http://www.edu-fair.com）

這是一個非常不錯的留學資源網站，其網站內容豐富詳實，有如一所留學圖書館，許多問題都可在該網站獲得解答。該網站內容

包括：各國教育展、所有學校、申請步驟、出國常識、證照申請、考試資訊、意見交流、課程分類、緊急事件處理、行前準備、經驗分享等。

四、網大留學站（http://tw.netbig.com）

此網站為有關赴大陸留學的網站，近年來大陸留學已逐漸盛行，許多人想前往大陸留學的原因，除了同文同種外，學費便宜也是一項考慮因素，在此網站中可尋得與大陸留學相關之最新消息、教育制度、選校、申請方式等。

五、各國教育中心網站

各國駐臺灣的教育中心大多設置有網站（網址請參照表2-6-1），可提供讀者最新又詳實的留學相關資訊。

六、圖書館設置的留學資源網站

由於資訊網路的發達，許多留學資料均可透過網路尋得，但大多零散而無組織，國立中央圖書館臺灣分館留學資料服務中心為協助國內留學生利用網路便可查得許多相關資源，在該館網站設一節點以分類的方式將各留學相關資源加以整理，如各國教育中心網站、排行榜、留學考試、中國同學會、獎學金等，非常便利，該網站並有留學諮詢信箱，可接受讀者的意見和詢問。

　　另外臺北市立圖書館留學資料中心也有設置留學網站（http://tml-132.tpml.edu.tw/study），該中心網站內容有簡介、一般資訊網站、學校資料庫、排行榜、留學考試、留學諮詢輔導、留美新生資訊站、獎學金、留學新生座談會、一般性留學參考書目錄、留學光碟資料庫簡介、語言學校大蒐秘、留學錄影帶、錄音帶、留學期刊等，是一個資料整理非常不錯的圖書館。

伍、留學相關刊物及報導

　　留學情報雜誌社所發行的「留學情報雜誌季刊」及各國教育中心定期所對外發行的刊物都會有許多留學最新訊息的報導或介紹，有的並可訂購電子報，同學可利用電子郵件去索取，非常方便。

參考資料：

1. 教育部編，國際文化教育法規選輯（臺北市：教育部，民國87年）。
2. 吳襄王，怎樣留學America（臺北市：文經社，民國81年）。
3. 王希俊，吳漢詩合著，海外同學會的功能與運作——邁向二十一世紀的思考及作法（北美事務協調委員會駐洛杉磯辦事處文化組發行，1994年）。

附錄：其他相關資料

一般留學資訊（General Information）

1. UStudy留美線上輔導網站：http://www.ustudy.org.tw
2. 中華民國留學資訊站：http://www.saec.edu.tw
3. Princeton Review：http://www.review.com

線上搜尋與線上申請（On-line search and on-line application）

1. Peterson's：http://www.petersons.com（美國中學、大學、研究所和英語課程的學校搜尋）
2. Gradschoools.com：http://www.gradschools.com（可用科系搜尋研究所）
3. STUDY in the USA：http://www.studyusa.com（美國大學和英語課程介紹，具中文網頁）
4. U.S. News and World Report：http://www.usnews.com/usnews/edu/（除了有排名外，也有大學和研究所搜尋）
5. Businessweek：http://www.businessweek.com/bschools/index.html（除了有排名外也有MBA的學校搜尋）
6. CollegeNET：http://www.collegenet.com（線上搜尋及線上申請）
7. AACC：http://www.aacc.nche.edu/member/members.asp（搜尋美國各州社區大學）
8. UStudy語言學校線上申請：
http://www.ustudy.org.tw/us_help/ApplyESL.files/index.htm（搜尋語言學校）

排名資料（Rankings）

1. U.S. News and World Report：http://www.usnews.com/usnews/edu（大學部和研究所排名）

2. Businessweek：http://www.businessweek.com/bschools/index.html（商學院排名）

3. Bschool.com：http://www.bschool.com/best_b-schools.html（商學院的排名及介紹）

考試資料（Test Information）

1. 語言訓練測驗中心：http://www.lttc.ntu.edu.tw（台灣地區報名TOEFL，GRE，GMAT的資料）

2. GRE：http://www.gre.org

3. GMAT：http://www.gmat.org

4. TOEFL：http://www.toefl.org

5. SAT：http://www.collegeboard.org

中文地址英譯：www.post.gov.tw/eaddress/eaddress.htm

臺灣研究之檢索與利用

臺灣研究不僅是近年來的顯學，也是國內外區域研究的重心，為讓大家對於探索臺灣有更深入的興趣和瞭解，包括臺灣的人、事、時、地、物等，本文擬將較為學術性且經常會被使用的臺灣研究相關資料庫及網路資源介紹，以指引讀者及研究人員檢索與利用。

壹、前言

近年來國內逐漸重視本土化，開始提倡鄉土教學，國內中小學也積極推動鄉土教育，將「認識臺灣」融入所有學習領域，以培養學生探索及熱愛鄉土之興趣；多所大專院校均開設有「臺灣史」的課程並有相關的研究所成立，教育部為建立本土化的特色與發展重點是我國大學生存發展的要件，也鼓勵大學院校增設臺灣研究相關系所，[1]在九十二學年度便有七所大學增設相關系所，使臺灣研究受到前所未有的重視。[2]

---

[1] 陳洛薇，「本土化，校院增設臺灣研究系所」，<u>中央日報</u>，中華民國 90 年 10 月 16 日，第 14 版。

[2] 江昭青，「臺灣研究，大學系所新潮流」，<u>中國時報</u>，中華民國 91 年 11 月 9 日，第 13 版。

　　不僅是臺灣，伴隨著臺灣問題的重要性，大陸也非常重視臺灣問題，包括軍方及安全系統的國際關係研究機構及大學都紛紛加入研究行列，紛紛掀起臺灣研究熱，[3]目前大陸的臺研所及臺灣研究單位形成百花齊放之景象，各有各的特色及功能。而國外有關研究臺灣的學術單位也逐漸增多，顯見「臺灣研究」已逐漸成為顯學。[4]

　　由於臺灣社會具有下列五項特色，使得它在學術研究上具有重要的價值：（一）臺灣是一個拓荒者的社會。（二）臺灣是一個多族群的社會。（三）臺灣是一個華人的社會。（四）臺灣有被殖民統治的經驗。（五）臺灣是一個現代化中的社會。從這五項特色中可以看出臺灣擁有比較研究的豐富資源。所以，「臺灣研究」不僅對中外的政治領袖極為重要，而且也頗具學術的意義與價值。[5]蔡源煌教授認為「臺灣研究」涵蓋的範圍可廣納社會、經濟、歷史、文化等領域，而不必拘泥於文學之一隅。[6]因此臺灣研究應是多方面可開發的區域研究。

　　為指引大家如何探索臺灣，知道如何透過簡易的檢索方式便可查詢到臺灣的人、事、時、地、物，筆者擬就臺灣研究相關資料庫及網路資源加以介紹，希望協助讀者檢索與利用。

---

[3] 魏章柱，「大陸高校掀起臺灣研究熱」，臺聲雜誌，2001 年 5 月，頁 30。

[4] 徐尚禮，「臺灣研究已成大陸顯學」中國時報，中華民國 89 年 12 月 4 日，第 13 版。
　「北京清大設臺灣研究所重點為臺灣經濟、兩岸產業交流合作」，中央日報，民國 89 年 10 月 26 日，第 6 版。

[5] 國立中央圖書館臺灣分館編印，臺灣文獻資料合作發展研討會－各單位館藏報告彙編，民國 79 年，頁 41-42。

[6] 蔡源煌，「談臺灣研究的必要性」，聯合報，中華民國 84 年 7 月 3 日，第 37 版。

貳、國內臺灣文獻資料蒐藏現況

目前臺灣文獻資料雖頗豐富，但因分別庋藏在各大學或文化機關，參考利用甚為不便，學者從事專題研究時，常需奔走各資料單位間，而國內蒐集臺灣文獻比較重要的典藏單位包括有國家圖書館、國立中央圖書館臺灣分館、臺灣省文獻會、臺北市文獻會、中央研究院民族學研究所、洪建全文教基金會、國立故宮博物院圖書文獻館、國立臺灣大學圖書館、國立政治大學圖書館、國立臺灣師範大學圖書館、東海大學圖書館、淡江大學圖書館等，[7]因此當讀者在使用資料庫檢索後，若需閱讀原文或可藉由館際合作服務於上述單位取得資源。

國立中央圖書館臺灣分館曾於民國七十九年十一月召開台灣文獻資料合作發展研討會，召集國內十五所典藏有臺灣文獻的圖書館分享其文獻典藏情況，會議後雖然有論文集發表，但因出版數量有限，致使許多錯過研討會的研究者仍無法得知國內各機構典藏情況與全貌。

所幸，伴隨著網際網路的盛行，許多圖書館及資訊公司或私人愛好者將臺灣資源以各種主題型態加以整理，讓讀者得以不用出遠門便可檢索與利用相關資源。

---

[7] 國立中央圖書館臺灣分館編印，臺灣文獻資料合作發展研討會－各單位館藏報告彙編，民國 79 年（未出版）。

參、臺灣研究之檢索與利用

一、臺灣介紹

（一）臺灣概覽系統〈http://twinfo.ncl.edu.tw〉

本資料庫係由國家圖書館所開發，資料庫在建立以「臺灣概覽」為主題之知識管理入口網站。運用該館豐富館藏與知識管理之專業，結合現代資訊科技，建立知識管理之入口網站，用「主題」併同「參考資源」之呈現，期能增進一般社會民眾對臺灣的基本認識，及有效進行臺灣研究資訊之「知識管理」，成為一般社會民眾及研究者取得臺灣相關研究資訊與統計資訊之入口網站，可由國家圖書館的網站進入使用。

（二）臺灣記憶系統〈http://memory.ncl.edu. tw/〉

本資料庫為國家圖書館所研發，為數位典藏臺灣的歷史文獻與影音紀錄，妥善保存臺灣歷史記憶，本館藉由臺灣記憶（Taiwan Memory）系統的建置，透過各種文字、影像、聲音的數位化史料，以「人」、「事」、「時」、「地」、「物」的主題展現，輔以該系統所建置之各種數位化特藏，並連結國家圖書館既有豐富之本土研究文獻資料庫與數位化檔案與多媒體影音資料，完整呈現台灣在不同時期的時代觀點、態度與信仰，凝聚本土意識，共同建立屬於臺灣人的歷史記憶。『臺灣記憶（Taiwan Memory）系統』支援各

種型態詮釋資料、多媒體資訊數位物件、內容知識的創造、傳遞、典藏、保存與再利用等完整的資訊循環週期，其重點工作方向在於協助提昇整體國家文化產業之典藏品質，強化數位物件之典藏管理，提昇數位內容知識的產生、分享與利用，並加速循環過程，使知識的成長得以等比級數快速成長，本資料庫可由國家圖書館網站進入利用。[8]

（三）臺灣研究網路化〈http://twstudy.iis.sinica.edu.tw/〉

「臺灣研究網路化」為中央研究院自一九九六年七月起進行六年的主題計畫，計畫主旨在於將中央研究院有關臺灣的研究，透過電腦網路提供社會大眾參考利用。除了內容上網之外，對於資料上網過程相關問題之瞭解與解決，亦為本計畫的執行重點。本計畫共分四大類，分別是「文化」、「歷史」、「自然」、「社會」，各大類下再細分各細類資料庫。

二、臺灣文獻書目

（一）臺灣文獻叢刊資料庫

該資料庫為漢珍公司所開發，資料庫收錄年限自唐、宋、元、明、清以下迄至日據時期的臺灣，資料型態為全文及含影像，主題

---

[8] 臺灣記憶系統網站，〈http://memory. ncl.edu.tw/tm/index_tw.jsp〉

範圍包含臺灣方志、明鄭史料、清代檔案、私家著述、私人文集，上溯南明史集，旁及荷蘭、美國、英國、日本有關臺灣史料以及臺灣之歷史、地理、風俗、民情、政治、經濟、社會、文化、法制等文獻之大成。該資料庫所收各書原本，皆為海內外各大圖書館所珍藏者，有稿本、原刻本、抄本及明清檔案史料、各國海關資料輯出。每一種皆經學者精校整理，分段標點。[9]

（二）臺灣文獻資料聯合目錄索引

該索引系統由國立中央圖書館臺灣分館所規劃，飛資得公司所開發，資料庫係收錄央圖臺灣分館、臺大、臺灣省文獻會、中央研究院、故宮博物院及其他圖書館、文化中心等三十六個單位，內容包括臺灣中文、日文、西文圖書文獻資料、古文書、古契、先賢遺著、士紳之文集、詩集、日記、帳簿、族譜、家乘、祭祀公業資料、寺廟教堂資料、產業組合檔案、口碑、口述資料、學術著作、政府單位出版品及博士碩士論文等，本目錄另有書本式印行，讀者僅要連上國立中央圖書館臺灣分館的網站便可利用。[10]

9　臺灣文獻叢刊資料庫簡介，〈http://metadata.ntl.gov.tw/ttsweb/twn/data.htm〉
10　臺灣文獻資料聯合目錄索引簡介，〈http://www.ncltb.edu.tw/ncltb_c/source/Twndocundcat.htm〉

（三）舊藏日文台灣資料目錄

該系統係國立臺灣大學圖書館於民國八十一年（1992）編印「國立臺灣大學舊藏日文臺灣資料目錄」，收錄分散於各分館（室）之日文臺灣資料，計圖書5,135種，期刊226種，報紙18種，據此可以掌握臺灣大學收藏日文臺灣資料之大致情形。此目錄檢索系統為上述書本目錄（圖書部份）之電子版，除可全文查詢外，使用者亦可以書名、作者、出版年、出版者與館藏地單項查詢。可從臺大圖書館網頁進入台灣研究資源選項進入檢索。[11]

（四）臺灣考古相關書目資料庫

〈http://twstudy.sinica.edu.tw/twstudy/ kaogu/index.html〉

該書目資料庫則以現有「臺灣考古書目」（臧振華、劉益昌1995）為藍本，除了蒐集臺灣專家學者所研究的考古資料外，也不斷蒐集與臺灣考古學相關的日文資料、大陸資料、英文資料等等。本資料庫包含近百年至今日的臺灣考古研究的專書、博碩士論文、田野工作報告、期刊雜誌、報紙評論、演講、會議或學術座談會摘要等，以提供查詢者完備且正確的資料，以達成一種資源的共享。

---

[11] 臺灣研究資源，〈http://www.lib.ntu.edu.tw/spe/taiwan/taiwan.html〉

（五）臺灣研究英文書目資料庫

〈http://twstudy.sinica.edu.tw/twstudy/twenglishbib/index.html〉

該資料庫係以中央研究院史語所陳弱水教授編著之《臺灣史英文資料類目》（臺北：林本源中華文化教育基金會，一九九五）為藍本，配合本院資訊所之資料庫技術支援，於日前完成「臺灣研究英文書目資料庫」，並置於「臺灣研究網路化」網站，使用者只須進入該網址，輸入檢索條件，即可快速而方便地得到所需資料。

三、臺灣研究期刊論文

（一）臺灣文獻期刊論文索引

該資料庫系統係由國立中央圖書館臺灣分館所規劃、飛資得公司所開發之系統，係該館將館藏中文期刊自清末起迄今，有關臺灣論文著作文獻資料，編輯成索引，供讀者查詢參考，並另有紙本式索引印行，讀者僅要連上國立中央圖書館臺灣分館的網站便可使用。[12]

---

[12] 臺灣文獻期刊論文索引簡介，〈http://www.ncltb.edu.tw/ncltb_c/source/Twnpdindex.htm〉

四、臺灣大事歷史

（一）臺灣日誌資料庫

〈http://tbmc.infolinker.com.tw/twchrapp/servlet/Twchr?
simplegenso〉

該資料庫係由漢珍公司所開發的，「臺灣日誌」資料庫以日本
統治臺灣時期（1895～1945）為斷限，擷取各種官方及民間發行的
報紙、期刊和書籍中的各種記事，編輯成為一個綜合的大事年表資
料庫。該資料庫的收錄範圍廣泛，大約可以分為以下幾種來源：

(1) 報紙類

(2) 期刊類

(3) 年鑑類

(4) 官方史料編纂的成果

(5) 其他一般性書籍[13]

（二）臺灣大事記資料庫

〈http://www.tbmc.com.tw/databasel.htm〉

「臺灣大事記」資料庫為漢珍公司所研發，該資料庫可讓各
界人士能在最短的時間掌握住最多的臺灣歷史相關資訊及知識，
此產品對於目前方興未艾的顯學－臺灣史的瞭解有很大的貢獻。

---

[13] 臺灣日誌資料庫簡介，〈http://tbmc.infolinker.com.tw/twchrapp/start.htm〉

資料庫的收錄年限自1895至1975年從割讓臺灣到民國64年共80年的歷史，主題範圍以編年史的方式完整的列出臺灣史事，共有3萬筆以上的資料。[14]

（三）戰後臺灣歷史年表〈http://twstudy.iis.sinica.edu.tw/twht/〉

本年表係中央研究院之主題計畫，內容包括歷史上的今天、史事大觀圖、細說史事及年表始末等，本資料庫之歷史年表電子索引檢索條件之設計，分別有「關鍵字」檢索，「政治」、「社會」、「經濟」、「國際」等項目檢索，以及按年月日索驥等三種方式，如此不但方便讀者使用，更可讓讀者在使用過程中，透過檢索條件的安排，瞭解到臺灣歷史之多樣性。[15]

（四）《臺灣時報》資料庫

《臺灣時報》係日據臺時期，臺灣總督府內部所發行之期刊，創刊於大正八年（1919）七月，至昭和二十年（1945）三月停刊。本資料庫係漢珍公司所發行，本刊物可謂日本統治時期臺灣總督府之機關雜誌，舉凡總督、長官之諭告訓示、總督府或地方長官之會議記錄、重要政策之說明外，學者之論說，以及文友、藝術家之創作，皆在收錄之列。且每期編製《臺灣日誌》，提供研究本時段歷史學者方便的

---

[14] 臺灣大事紀資料庫簡介，〈http://www.tbmc.com.tw/database1.htm〉
[15] 戰後臺灣歷史年表資料庫，〈http://twstudy.iis.sinica.edu.tw/twht/〉

參考工具。而隨著日本大東亞共榮政策之推進,本刊物亦可視為日本軍部前進之馬前卒,編印《支那及南洋情報》提供參考。本資料庫提供全文影像光碟檢索,並可線上列印全文影像,實為究明日據時期臺灣總督府之政策與角色不可或缺的重要資料。[16]

(五)臺灣資料剪報系統

本資料庫由國立中央圖書館臺灣分館所規劃,飛資得公司所開發之系統,可由該館網頁進入檢索利用,本系統係該館自民國七十七年起,將每日蒐集二十餘種中文報紙剪輯有關臺灣論著文獻資料,掃瞄建檔。由於全文影像內容涉及著作權關係,該系統目前僅供館內讀者網路查詢全文內容,而剪報資料索引部份,則開放遠距讀者查詢,讀者僅要連上國立中央圖書館臺灣分館的網站便可利用。[17]

六、臺灣方志

(一)臺灣方志資料庫

「臺灣方志資料庫」於民國七十九年由臺灣史田野研究室－臺史所籌備處前身開始規劃「臺灣史籍自動化」的長期工作,臺灣方志主要是清領時期臺灣各級行政區劃－府、縣、廳所編纂的志書,

---

[16] 《臺灣時報》資料庫簡介,〈http://dblink.ncl.edu.tw/db_introduce/DB117.htm〉
[17] 臺灣資料剪報系統簡介,〈http://www.ncltb.edu.tw/ncltb_c/source/TaiwanClip.htm〉

內容包涵山川形勝、建制沿革、城市街道、聚落分佈、政經設施、
文教武功、風土人情、民俗語彙及人物典章等包羅萬象,如「百科
全書式」的豐富,更因記錄詳盡,落實於各地鄉土,具體而微展現
臺灣社會歷史風貌。因此,臺灣方志可謂從事臺灣研究必備的基本
工具書,不僅歷史學,包含考古學、語言學、人類學、社會學、經
濟學、政治學諸學科,凡有興趣於臺灣者,皆不得不仰仗它,其使
用率之高,引用之繁,早為諸書之首。[18]

七、臺灣檔案

(一)臺灣檔案資料庫

「臺灣檔案資料庫」為中央研究院臺灣史研究所於民國八十五
年十二月底所推出,該資料庫所採用之版本,係臺灣銀行經濟研究
室於民國四十七年至五十七年間,所出版之《臺灣文獻叢刊》標點
本,合計四十五種,九十七冊,總字數約七百一十二萬。這個資料
庫的特色有三:一為資料時間的分佈,具有從康熙到光緒歷朝歷代
的連續性;二是資料的主要性質,不是官員奏議、皇帝諭示,就是
政府的措施與應對,基本上屬於清廷官方的檔案資料;三是資料內
容以外交、洋務、內政為主,亦兼及械鬥、民變等事件。[19]

---

[18] 臺灣方志資料庫簡介,〈http://www.sinica.edu.tw/ftms-bin/ftmsw3?ukey=
1005944883&path=/1.1〉
[19] 臺灣檔案資料庫簡介,〈http://www.sinica.edu.tw/ftms-bin/new/ ftmsw3? tdb=〉

（二）臺灣總督府檔案資料庫

「臺灣總督府檔案」是日本在臺殖民時期統治機構——臺灣總督府及其附屬主要機關單位往來公文書。本資料庫為中央研究院與國史館台灣文獻館合作完成，其起訖年代從明治二十八年（A.D.1895）到昭和二十一年（A.D.1946）止，涵括了整個日治時期，其中內容包括了「臺灣總督府公文類纂」、「臨時臺灣土地調查局公文類纂與相關書類」、「高等林野調查委員會公文書」、「土木局公文類纂」、「臨時臺灣糖務局公文類纂」、「舊縣公文類纂」、「臺灣施行法規」、「文書處理用登記簿」……等等。不僅典藏有日治時期的重要統治、經濟政策的制定文書，也包括了日人對中國與南洋開發的相關文書。

八、臺灣人物

（一）臺灣人物誌

「臺灣人物誌」資料庫為漢珍公司所研發的資料庫，其蒐羅範圍，以日治時代的人物為主，人物以臺灣地區（含澎湖）為範疇，沒有種族及性別的差異，因以日治時代為主，所以日本籍的人物很多，至少超過一半以上。

本資料庫的範圍包括：人士鑑、月旦評、地方大觀、學經歷傳及期刊雜誌等，由於目前關於臺灣歷史人物的資料，還沒有便利的檢閱方法，受限於資料的零散、內容類別相斥，加上流通不便，光

是蒐集資料就很困難,就算找到資料,面對龐雜瑣碎的內容,找起人來有如大海撈針,因此本資料庫針對這些問題,提供了一個完整而有效率的解決之道為其優點。[20]

九、臺灣地圖及地名

(一)臺灣古地圖與舊地名考釋

『臺灣古地圖與舊地名資料』的蒐集與研究,若完成一定的階段,對學術界可產生立即性的效益。研究者往後在閱讀歷史檔案時,不會再被古今地名變化萬端所苦,他馬上可上下查詢網上的古今地名對照。此外研究者可利用本計畫所儲存的地名、地圖資料,進行探討地名分佈、聚落發展,以及政治、社會、宗教與民俗文化等有關研究題目。本系統可配合目前的鄉土教育,學校師生可在本計畫的網站上,透過古地圖與舊地名,觀察到臺灣近幾百年來鄉土環境的變遷,從而產生歷史與環保意識。進一步,甚至可以驚異地發現到,原來他們所生活的地區或附近,在荷蘭、西班牙時代曾經被歐洲人繪在老地圖上,或許可從中激發進一步研習臺灣史地的興趣。[21]

---

[20] 臺灣人物誌簡介,〈http://dblink.ncl.edu.tw/db_introduce/DB188.doc〉
[21] 臺灣古地圖舊地名考釋,<http://twstudy.iis.sinica.edu.tw/oldmapl>

（二）臺灣地區地名查詢系統

　　該查詢系統為中研院為落實國土資訊系統基礎建設工作，建立臺灣地區地名普查及應用之標準化，以便利政府與民間各界的引用，促進相關資訊的整合與交流，透過地名歷史沿革的收集，建立完整精確的空間定位與空間視覺化介面，將地名管理與應用資訊化，同時充實鄉土教育素材，並上網以便利社會大眾及學術研究查詢。[22]

十、臺灣統計資料

（一）臺灣省五十一年來統計提要（1894-1945）
〈http://twstudy.iis.sinica.edu.tw/twstatistic50/〉

　　該資料庫資料來源為臺灣省行政長官公署統計室所出版，分為政府組織、農業、銀行、氣象、商業金融、教育、歲入歲出、水產業、農委會林業、衛生醫療保健、家畜、工業、法務部、勞工、土地資源、礦業、公賣局、警察機關及消防大隊、戶口調查、郵電組織、鐵路局、公路局、航業、各宗教及救助等，各分類均有相關資料統計圖表可供參考。

---

[22] 臺灣地區地名查詢系統建置計畫簡介，〈http://gis210.sinica.edu.tw/placename/intro/brief.htm〉

（二）台灣社會變遷統計調查資料庫

　　台灣社會變遷基本調查是行政院國家科學委員會人文社會處所長期支助的一項全台抽樣調查研究計畫，自一九八四年進行以來，已完成十四項全台灣的抽樣調查，調查內容包括家庭、教育、社會階層與社會流動、政治文化、選舉行為、傳播、文化價值、宗教等。這個系列社會調查的主要特色是在收集兩個以上時間點的同樣問卷資料以探究台灣社會變遷的各個面向，目前已進入第三期的研究，亦即已開始有第三個時間點的資料。其次，這個調查研究的重要特點乃是在於建立了公共使用的資料庫，本調查各次的原始資料庫在收集妥當一年後全面公開。目前利用本計畫資料完成的學術論文已超過一百篇。

十一、臺灣族譜

（一）臺灣族譜資訊網〈http://genealogy.ace.ntnu.edu.tw〉

　　家譜文獻係記載一家、一族、一姓之歷史，其內容關係著以人為主的社會經濟活動歷程，家譜資料可以幫助瞭解個人成就及社會發展，甚至對於認識一個國家的民族與文化，它是一種不可忽視的檔案文獻。該資料庫於民國91年起由國立臺灣師範大學社教系所研發，為國科會數位典藏國家型科技計畫之子計畫，其目的在藉助網際網路及電子圖書館之檢索技術與傳輸資料的優點，將其珍貴的史

料傳送給需要的家族和研究人員,讀者並可藉由該系統查詢或輸入自己家族的資料庫,供親友查考。[23]

十二、臺灣照片與圖片

(一)歷史照片資料庫
〈http://www.airiti.com/demo/history/home.asp〉

該資料庫係由華藝數位藝術有限公司所研發之資料庫,該資料庫依事件年表將一幀幀珍貴的歷史鏡頭,邀您一起踏入這段一百年的時光之流,如果讀者想尋找人物、探索事件,還是回顧某個年代只要鍵入關鍵字,系統將為您智慧搜尋。這是第一套收錄西元1890～1980年近11萬幀清末至今重要事件之照片資料庫,資料庫之圖文資訊隨時徵集、即時更新,每日新增圖像與圖說,從臺灣、大陸、至日本;從生活到戰爭;從政治到藝文,照片多元豐富。提供九大學習單元,包括「事件年表」、「歷史上的今天」、「人物誌」、「專題報導」、「鄉土風情」、「時光掠影」、「主題導引」、「地方導覽」、「國殤」。[24]

---

[23] 鍾蓮芳,「臺灣族譜資訊網,上網尋根一指靈」,民生報,民國92年7月25日,第A3版。

[24] 歷史照片資料庫簡介,〈http://www.airiti.com/demo/demo_history.htm〉

（二）台灣老照片數位博物館〈http://www.sinica.edu.tw/photo/〉

　　該資料庫係由國立藝術學院傳統藝術研究中心、科技藝術研究中心，中央研究院計算中心、資訊科學研究所的通力合作下，可做台灣老照片數位博物館之檢索、瀏覽與資料挖礦及有關的瀏覽、檢索與典藏管理所需的基本功能。包括基本的全文檢索與進階檢索，分類瀏覽，以及配合「老台灣素描」所建構的故事瀏覽，及「台灣走透透」之地理資訊系統等。內容架構區分為「老台灣素描」、「台灣名人錄」、「台灣思想起」、「台灣走透透」、「資料檢索」、「互動教學區」的網頁，內容豐富精彩。[25]

肆、結語

　　國內有關臺灣研究的資料庫，均為圖書館、研究機構或資訊公司為提供讀者更多的方便而建置的，其他相關資料庫在網路上更是多得不勝枚舉，但筆者僅就較為學術性，且為讀者較容易使用到的資料庫整理提供參考，如何善用這些資源並對台灣研究做出實質貢獻，實為後繼者之責任與挑戰。

　　筆者認為「臺灣研究」需要更進一步的發展，並向國際延伸，藉由多多辦理學術活動及相關的學術研究，跨出自己的領域，做更

---

[25] 臺灣老照片數位博物館計畫簡介，〈http://www.sinica.edu.tw/photo/intro/index.html〉

多元的融合，未來相信在研究人員的努力下，將能促臺灣研究有更多的成果展現，也能促進臺灣的進步及在世界上的地位。

用老照片閱讀臺灣歷史
——國立中央圖書館臺灣分館藏寫真帖之利用價值

　　寫真帖係以照片來描述事實或地方動態，並且用文字加以旁白的出版物，本文在介紹寫真帖的利用價值及國立中央圖書館臺灣分館所藏寫真帖的資源概況，並指引讀者利用這些資源來還原及形塑當時狀況，以瞭解臺灣早期歷史之發展。

壹、前言

　　國立中央圖書館臺灣分館（以下簡稱央圖臺灣分館）向以臺灣史料的蒐集聞名，所蒐藏臺灣文獻，以民國34年光復以前出版之日文臺灣文獻與南洋資料，聞名國際，且深具學術研究參考價值，深受國內外學術界重視，為研究臺灣史料不可或缺之典藏，諸如：臺灣方志、各州廳縣市報、臺灣史料、臺灣日日新報、臺灣時報、臺灣教育會雜誌等書刊，皆係最具研究參考價值之珍貴史料。

　　但央圖臺灣分館的珍貴寶藏，不僅止於以上之臺灣資料，另外還包括視障資料、親子資料、臺灣古地圖、臺灣寫真帖及臺灣碑碣拓碑作品、全世界有關臺灣介紹的書籍及博碩士論文等等都是一般公共圖書館所沒有的資料，其中館內收藏了近百部日治時期的寫真

帖，內容豐富並具特殊史料價值，所蒐藏之寫真帖為許多臺灣早期
難得一見之歷史鏡頭，更能一窺早期的臺灣全貌。

　　據遠流出版社臺灣館總策劃莊展鵬先生所估計央圖臺灣分館是
世界上收集日據時代臺灣寫真帖（以圖像為主的書）最多的單位，
即使不是以圖像為主的史料，也會夾雜圖像，例如糖業史，其中大
部份是文字，但當中通常夾雜不少地圖、照片、手繪圖，也是彌足
珍貴。他還呼籲，今天大家已經警覺要先去臺灣分館借資料，尤其
是圖像資料。他建議應先做一個檢索，這個檢索還沒有建立的話，
一旦做研究或出書，研究生、文化工作者、每個出版社，由於完全
沒有累積，[1]必須從頭來一遍，如此耗時費力，缺乏經濟效用，十分
可惜。

　　為使館外讀者能充份利用這些資源，筆者將館內相關寫真帖資
源予以整理如附錄，以供研究參考利用。

貳、館藏寫真帖概況

　　央圖臺灣分館典藏有近二百件的寫真帖，多是日據時期所發行
出版的。過去寫小說、辦人間雜誌的臺灣文學作家陳映真先生，有
一天到央圖臺灣分館找資料，突然發現一些照片，特別是一些有關
日人討番的寫真帖，他才知道，日本對於原住民的壓迫以及原住民

---

[1] 謝金蓉，「莊展鵬與陳映真用老地圖老照片重現臺灣歷史」，新新聞周刊，506
期（1996 年 11 月 17 日），頁 96-98。

的反抗，絕對不僅是霧社事件而已。因此，我們知道照片不僅能保存當時影像的記錄，還具有文字史料所無法提供的證據及說明。[2]陳映真認為凡是歷史瞬間留下來的形貌，沒有不動人的。而且，歷史照片有一個很大的魅力，拍得再壞都覺得真好，根本不會去挑剔結構、光影之類的技術。[3]老照片雖然不見得是完美的藝術品，但卻都是時代的烙印。陳俊雄先生曾將收藏在央圖臺灣分館及臺灣大學的寫真帖資料內容，予以歸類並略分為下列幾項：

一、日本領臺之初的軍事活動（即乙未割臺戰役）：如明治29年的《征臺軍凱旋紀念帖》。

二、風俗類寫真帖：有明治34年的《臺灣名勝風俗寫真帖》、明治36年的《風俗風景寫真帖》。

三、蕃地事務類寫真帖：有明治32年鳥居龍藏的《人類學寫真集》、遠藤寬哉的《番匪討伐紀念寫真帖》、《臺灣蕃地寫真帖》。

四、重要工事類寫真帖建築：如明治41年《臺灣鐵道名所案內寫真帖》、大正3年《鋼筋混凝土構造物寫真帖》、大正4年的《兒玉總督及後藤民政長官紀念博物館寫真帖》等。

五、山岳攝影類寫真帖：如《臺灣山嶽寫真帖》、大正2年森丑之助的《臺灣山岳景觀》、大正13年的《次高山寫真帖》。

2　同註1。
3　同註1。

六、人物紀念類寫真帖：如明治39年《兒玉總督凱旋歡迎紀念帖》、大正七年《兒玉總督在臺紀念寫真帖》、大正12年皇太子裕仁來臺的《東宮殿下奉迎記念寫真帖》。

七、宣傳活動類寫真帖：如《始政四十周年紀念臺灣博覽會寫真帖》。

八、報導寫真類寫真帖：如明治39年的《南部臺灣震災寫真帖》

九、學術研究類寫真帖：如昭和7年《臺灣地質寫真集》、昭和初年出版的《臺灣植物寫真集》、臺灣教育會出版的《臺灣教材寫真帖》等。

　　由上可見，央圖臺灣分館館藏之寫真資料亦即當時之官方出版品，以政府之政治宣傳（包括直接政治宣傳、軍事討伐成績宣揚及產業與經濟等建設成效之宣傳）和各地之景觀、風土和民情為主（包括名勝、風俗與民情和地方介紹）。[4]

參、寫真帖的利用價值

　　「寫真」為「照片」之意，係指前人所拍攝而留下的靜態或活動影像記錄，除了經濟價值外，攝影的紀實功能，也是其他學科用以觀察記錄生活型態的最佳工具。從照片中記錄的先民體態、服裝、

---

[4] 館藏與臺灣史研究論文發表研討會彙編（臺北市：國立中央圖書館臺灣分館，民國 83 年），頁 307-308。

建築、聚落形式，對於研究以往的社會型態也具有相當大的貢獻。至於在業餘的使用上，經由相片的累積，人們也構建了一種想像的敘事體，作為懷舊回憶之用。

照片可提供證據，對某種聽聞但懷疑的事，有時可以用一張相關的照片得到證實；攝影遠較其他任何模仿性的物體，更具有準確的關係。[5]照片的功能在於以生活自身的典型瞬間展現事實真相與人的精神面貌，不論是記事、表揚或揭露、批評，照片都要提示事情的要點和特徵，並富有感情色彩，而反映時代精神的新聞照片能給讀者、觀眾以深刻的印象，從而具有歷史價值。臺北市文獻委員會編纂卞鳳奎先生認為影像史料的重要性在於可作為文化變遷的佐證及保存昔日生活之樣態。[6]

而寫真帖係以照片來描述事實或地方動態，並且用文字加以旁白，對於歷史現象的了解，極有參考之價值。而日據時期寫真帖拍攝對象的種類，包括全島著名之山川、城市、廳廨、廟寺、人物、物產、工業、人文活動、風俗民情等。[7]

攝影的紀實性，使攝影具有記錄的功能。在日本領臺時期的大批寫真帖，內容涵蓋了人類學、地質學、植物學、人文活動、建築等，在當時寫真帖成為總督治績的表徵，流傳至後世，則為往後的學術研究都提供了大量的史料記錄，可說是攝影紀實性的代表。

---

[5] Sontag, S., *On photography* (N. Y.: Anchor Books, 1977), p.9.

[6] 卞鳳奎，「臺北市文獻委員會徵集老照片之途徑」，<u>全國新書資訊月刊</u>，第 46 期（民國 91 年 10 月），頁 20-21。

[7] 陳俊雄，日據時期的臺灣寫真發展，輔仁大學大眾傳播研究所碩士論文（民國 84 年）。

　　日治時期寫真帖的出版，有很大部分是為了頌揚功績的目的，所以，這些寫真帖的出版若非是總督府轄屬機關（如總督府官房文書課、鐵道部、臺灣日日新報社等），便是與官方來往密切的內地人寫真館，其拍攝者絕大多數以內地人為主。在內容上，泰半都有臺灣神社、總督府、蕃地建設及理蕃成果、兒玉總督紀念博物館、各州廳官舍及重大工程建設的寫真，以彰顯總督的政績卓著。[8]

肆、結語與展望

　　寫真資料可讓讀者拼湊成較完整的早期臺灣印象，這種印象有助於讓我們瞭解我們所成長地方的過去，也有助於讓我們瞭解未來努力的方向。目前國內整理老照片的網站，有國立臺北藝術大學與中央研究院兩單位所合作之「臺灣老照片數位博物館」及中央通訊社的網站，另外臺灣大學的舊館藏照片有四萬餘張，這些都是其他機關所規劃讓這些照片能成為一般人可以親近使用的平臺，且成為學術研究及史料參酌的依據。

　　央圖臺灣分館所收藏的寫真帖，可以說是研究日治時期歷史不可或缺的重要資料，它提供了生動而豐富的影像，在記實性上，一張照片往往勝過一本書，有其特有的性質，因此要加強宣傳使之善加利用。依筆者淺見，首先便要將其予以翻拍及數位化，並整理成資料庫供讀者利用；另外，可利用老照片編寫相關主題書籍或編輯

---

[8]　同註4。

畫冊、舉辦圖片展，過去央圖臺灣分館曾出版之《尋根探源》及應大偉先生於西元1995年所出版之《百年前的臺灣寫真》一書，便是以老照片說故事的方式所編輯而成的書籍，這些書籍不但介紹臺灣各領域主題的發展歷程，亦可讓後代子孫瞭解前人篳路藍縷以啟山林的坎坷，勤奮努力創造建設的進步之史實。該書目前是學習與認識臺灣史方面評價甚高的書籍。

　　照片檔案的保存價值在於利用，只有積極開發照片檔案的利用價值，提供各種有價值的資訊資源，才能充分表現出照片的珍貴和檔案本身所具有的歷史價值。未來央圖臺灣分館應將老照片的檔案收集工作，進一步做到有跡可循，不但制度化、而且標準化管理的方式，並建立全面、合理的照片檔案歸檔制度，如此，對於有效供給後人的利用傳承及照片的加值將有更多的便利性。

圖2-8-1　國立中央圖書館臺灣分館藏臺灣風俗風景寫真帖

圖2-8-2　臺灣早期街景與發展情況
（翻拍自臺灣寫真帖）

附錄：國立中央圖書館臺灣分館所藏臺灣寫真帖

一、政治宣傳類

1. 北白川宮能久親王御遺跡寫真帖
2. 皇太子殿下臺灣行啟紀念寫真帖
3. 皇宮殿下行啟實記
4. 皇太子殿下御誕生臺灣紀念寫真帖
5. 榮光に輝く臺灣
6. 皇太子殿下臺灣行啟寫真帖
7. 久邇宮朝融王殿下御渡臺紀念寫真帖
8. 臺灣總督明石元二郎葬儀寫真帖
9. 兒玉總督凱旋歡迎紀念寫真帖
10. 北白川宮殿下臺臨紀念寫真帖
11. 東宮殿下奉迎紀念寫真帖
12. 兒玉總督在臺紀念寫真帖
13. 行啟紀念寫真帖
14. 御大典紀念臺灣行啟寫真帖
15. 上山臺灣總督高雄州奧蕃社視察狀況寫真
16. 後藤男爵送別紀念帖

二、軍事類

1. 討蕃警察隊紀念寫真帖
2. 蕃匪討伐紀念寫真帖
3. 大正二年討伐軍隊紀念
4. 霧社事件討伐紀念寫真帖
5. 太魯閣新伐軍隊紀念
6. 征臺軍紀念寫真帖

7. 若見侍從武官蕃地討伐軍慰問寫真帖

8. 臺灣南部匪徒討伐警察隊紀念

三、產業與建設類

1. 臺灣勸業共進會紀念寫真帖

2. 臺灣產業總覽

3. 東京勸業博覽會紀念臺灣寫真帖

4. 臺北市區改築紀念

5. 臺灣拓殖畫帖

6. 木村家新築寫真帖

7. 臺北市京町改築紀念寫真帖

8. 臺灣之展望

9. 主要工事寫真帖

10. 嘉南大圳工事寫真帖

11. 臺灣國立公園候補大タロコ景觀

12. 紀念博物館寫真帖

四、名勝、風俗與民情類

1. 臺灣土產寫真帖

2. 東京市史蹟名勝天然紀念物寫真帖

3. 紀念臺灣寫真帖

4. 臺灣寫真帖

5. 新高山

6. 臺灣名所寫真帖

7. 臺灣山岳景觀

8. 始政三十年紀念寫真畫報

9. 臺灣教材寫真集（地形）

10. 阿里山、新高山景色寫真

11. 臺灣古寫真帖

12. 臺灣紹介最新寫真帖

13. 臺灣寫真大觀（二冊）

14. 臺灣風俗と風景寫真帖

15. 臺灣名勝風俗寫真帖

16. 臺灣名所圖畫（手繪）

17. 臺灣風景寫真帖

18. 臺灣の山

19. 臺灣教材寫真集

20. 臺灣全島景風俗寫真

21. カメうで見た臺灣（旅遊）

22. 臺灣畫報

23. 北部臺灣寫真帖（神社、總督府）

24. 南部臺灣寫真帖（臺中公園、八卦山、製糖工廠）

25. 臺灣寫真大觀

26. 臺灣古寫真帖

27. 臺灣國立公園寫真集

28. 臺北市動物園寫真帖

五、地方之介紹類

1. 高雄州寫真帖

2. 臺南市大觀

3. 臺北寫真帖

4. 澎湖島大觀

5. 東臺灣展望（花蓮港）

6. 東臺灣展望（臺東港）

7. 高雄市大觀

8. 花蓮港廳寫真帖

9. 屏東、旗山、潮州、恆春、東港五郡大觀

六、植物類

1. 熱帶植物寫真集：第1～5卷
2. 臺灣植物寫真集
3. 南洋群島熱帶植物寫真集
4. 植物寫真集
5. 有毒植物：寫真及解說
6. 熱帶植物產業寫真集

七、其他類

1. 辛亥文月臺都風水害寫真帖
2. 臺灣歷史寫真帖
3. 廣告祭寫真帖
4. 臺灣總督府殖產局主催商美術展覽會紀念帖
5. 銃後の便リ（戰爭時期後方情形）
6. 愛國婦人會總裁臺灣御成紀念帖
7. 士林文化展紀錄（鄉土展之部）
8. 臺北州警察衛生展覽會寫真帖
9. 臺灣蕃族圖譜（第一卷）
10. 臺灣蕃族圖譜（第二卷）
11. 臺灣地質寫真集
12. 物理寫真集
13. 鐵道關係建築物寫真
14. 臺灣に於ける鐵筋混凝土、構造物寫真帖
15. 臺灣歷史畫帖

《族譜文獻學》：
敬宗收族與尋根探源的新學問

壹、前言

祖先是一個人的根源所在，而姓氏家譜則是記載祖先名諱與事蹟的憑證。過去華人家族的長輩們，會將祖先或家族成員之生卒時辰，以及家庭間的重要事件記錄下來並流傳給後世，使得家族傳統得以相承不斷。族譜的主要內容，除了記載血緣關係的世系圖表外，也記載祖先之家傳與詩文。此外，也有關於歷次修纂刊刻譜序凡例、昭穆輩序、族規家訓、家族遷徙演變等資料，它是值得參考研究的家族歷史文獻。

一個家族或宗族的起源、繁衍、播遷與發展，也是後人尋根溯源暨了解自己祖先的寶貴資料，後人透過它來辨別宗族成員間血緣的疏密、長幼的次序，進而促進宗族的凝聚力量。尤其中華民族過去戰禍頻仍，有些族群之居所遷徙不定，由家譜可尋繹出大遷徙的地緣流向，再據以找到自己的「根」，因此，華人非常重視族譜的編纂與留存。

族譜有助於塑造家族的生命力，尋找每一個人在歷史上的定位，總結家族奮鬥的過程，從而激勵自己力爭上游，給子孫留下一

個好榜樣。從族譜中，我們可以瞭解到各姓氏的淵源、繁衍、遷移
及移民海外發展的過程。

　　雖然族譜文獻一直被視為較冷門之學科領域，但透過族譜專家
廖慶六先生的筆觸與介紹，將看似平凡的資源予以介紹，尤其以其
專業研究心得與經驗，以無私奉獻的心撰著《族譜文獻學》，讓大
家對於家族譜有更深一層的認識，也瞭解族譜在人類文化史上所扮
演的重要角色。

貳、作者簡介

　　本書作者廖慶六先生，臺灣省雲林縣人，早年從事國際貿易，
後來卻在因緣際會中棄商從文，並考取了輔仁大學圖書資訊學系碩
士班。由於對古籍版本及人物傳記的特別偏好，因此，他對族譜早
就產生濃厚的研究興趣。在研究所進修期間，他更以族譜文獻做為
研究主題，並從碩士班開設之課程中，學得不少文獻資料資訊化的
相關理論和技術。之前，他也曾經幫臺灣省文獻會整理日據時期總
督府檔案，創先規劃一套資料庫全文檢索系統，最後並將掃瞄建檔
的資料製成光碟儲存。著者碩士論文是以〈我國族譜文獻蒐集整理
與資訊化之研究〉為題，從其選題方向及研究成果即可明顯看出，
他是有意將族譜學的研究推廣成一門嶄新的學科領域。

　　廖先生曾服務於臺北市行天宮附設圖書館，同時也受聘為臺灣
省各姓淵源研究學會顧問。他專門研究圖書文獻和姓氏族譜，曾經
主編《臺灣源流》季刊六年，編修《雲林張廖氏家譜》、《桃園林

氏家譜》族譜專書二部，並參與許多有關家譜的研究計劃，及撰寫族譜文獻研究相關論文數十篇。四年前，他被一家慕名而來的新加坡網站，禮聘為公司的高階主管，擔任尋根網（Chineseroots.com）的中國家譜總策劃。在亞洲之新加坡、香港、北京、太原、長沙、上海和臺北各大城市間，協調該地之圖書館與學者專家，共同推動族譜文獻的資源開發與學術研究之工作。

著者研究族譜之歷史已經超過二十年，他確實花費了不少時間與心力在族譜文獻的採集與整理工作上。為了訪譜，據說過去他很勤於逛舊書攤，且奔波於海峽兩岸進行文化交流；在國外旅遊及拍賣網站上，他亦時有所獲。為了方便其個人研究，並將這些珍貴資料做完善的整理與保存，他更擁有一專門典藏族譜文獻的個人藏書室—萬萬齋。「萬萬齋」典藏相當豐富的族譜，據知目前累積部數已經超過一千種，看其蒐藏的中文本族譜文獻目錄，真可謂質量均佳，是為藏書家之冠。另一方面，廖先生搜書精神與實力，亦非一般人所能及。

廖先生參與研究開發尋根網，該網站為專門讓華人家庭保存分享家譜訊息，尋找同一血源親人的內容網站。除了家譜資料的查詢外，也提供姓氏起源，家譜的建立，尋找失散親人等專家諮詢服務。另外還有家族俱樂部與聊天室等社群功能，形成一個以華人家族成員相互連繫的環境，讓分散世界各地的華人可以保存家族記錄，甚至找到失散的親屬，從而建立起更緊密的家族聯誼關係。

近年來，廖先生為了幫助國內民眾進行族譜尋根，因此，在國立臺灣師範大學教授陳昭珍主持的國科會典藏數位化應用計畫中，協助規劃兩千餘本族譜文獻的數位化工作。在此計畫項目下，他們建置了「臺灣族譜資訊網」，網站內容免費開放給民眾檢索利用。

此網站除了提供國人尋根溯源的便利性，同時也開放民眾上網建置電子家譜。從過去的種種工作實務經驗，以及多年來不斷的學術研究成果做一評估，廖先生不但是一位難得的藏書家，同時也是一位踏實的族譜文獻學專家。

參、本書大要

《族譜文獻學》一書，乃廖慶六先生歷十餘年之功、傾力研究族譜文獻之成果。該書依據前人的研究成果做為基礎，並融合中國文獻學與圖書文獻學之理論與方法，詳細敘述族譜文獻的蒐集、整理、研究、利用、資訊化等核心課題。其撰述內容與所附相關資料，均為相當豐富與珍貴難得，而所涉及的學科領域，則包括中國歷史學、文獻學、譜牒學等。本書除了首尾之緒論與餘論外，其它各章內容，分別為歷代譜牒述略、族譜文獻之蒐集、族譜文獻之整理、族譜文獻之研究（人物與機構）、族譜文獻之利用（史料價值與藝文價值）、族譜文獻之資訊化、族譜文獻之數位化等。

作者在書中論述族譜文獻資源相當豐富，並揭發有待開發與利用的領域是非常廣闊的。對於族譜的利用價值，因各人的著眼點有所不同，因此，作者認為圖書館應該積極蒐集與整理族譜文獻，而其目的就是為了保存與利用。他從圖書資訊學的角度撰寫族譜文獻學，先從前人的經驗與成果中，探究相關的理論與方法，然後再進行相關文獻的分析與探討。

　　《族譜文獻學》於民國92年5月底由臺北南天書局出版，其原先之出版計畫，曾經學者專家之審核通過，並榮獲國家文化藝術基金會撥款補助出版在案。

肆、本書特色

　　當我閱畢本書，直覺認為它是一部很難能可貴的好書，對於作者的實力與用心，應該給以肯定與讚賞。為了提供各地圖書館與諸方讀者購讀之參考，因此，對於本書，特別予以評介，內容如下，分列六點敘述：

一、本書係作者融合圖書資訊學、文獻學、檔案學、版本學、校讎學等多學科之理論與方法而成，章節排序組合頗富系統性，這是國內第一本以族譜文獻為主題所撰著的好書。

二、本書是少數呈現外在精美、內涵充實的學術性專書。在過去筆者所見的國內圖書資訊界的出版品中，大多僅將內容以文字呈現，缺乏閱讀的吸引力。而廖先生所著該書，不管是紙張的選擇、版面的編排或內容與附錄，包括各章節穿插相關的彩照、圖錄或表格，確實文圖並茂而令人賞心悅目，讓人閱讀再三而心生歡喜，其全書風格也堪稱是學術性圖書的一項創新之舉。

三、本書寫作方式極為自然口語化，措辭也頗為平實通暢。其內容架構更是具有邏輯性，不僅回顧歷史並前瞻未來，不似一般學術性的書籍文字措辭生硬、曲高和寡，以致一般

社會大眾也能從中獲得許多資訊。本書除了具備學術性之研究價值外，它也可作為探索此學問者的入門工具書。

四、本書蒐集之資料非常豐富，書中還不時散發出一股作者的藏書風味。本書參考資料來源包括古今中外，其著錄出處也非常清楚。書中著錄名譜書影，書後附加中英文索引。索引各詞層次井然有序，將圖書資訊的檢索功能發揮得淋漓盡致，隨時都能檢索到該書內容資料，對讀者而言，確實非常便利。

五、本書寫作的架構正是從文獻學與圖書館學的角度出發，從名辭辨析起、歷史源流考證、資料的蒐集、資料的整理、資料的研究與利用到資料的資訊化、數位化等，層次分明而面面俱到。本書對於有志於中國歷史研究、古籍文獻整理、圖書館館員等工作領域者而言，相信會帶來一些啟發作用與莫大的參考價值。

六、本書展現作者著述之功力與用功之程度，書中將看似平凡無味的資料源，融合中外的文獻資源，比較各家的研究成果，可謂旁徵博引，用心至極。作者對於譜牒學術研究時有發明，在書中又提出不少創見而成一門新學問。綜而言之，本書可謂內容高雅且體例編排嚴謹，堪稱是目前國內族譜學術研究領域上的一部佳作。

伍、未來期盼

姓氏族譜屬於地方文獻的一種，認識族譜文獻就是重視地方歷史。製作家譜是一種「思古」的行動，但隨著經濟的發展，現代人已不必像古人一樣，必須歷經三十多年蓄精財力才能修一次譜。現在是網路風行的資訊化時代，人人可以隨時透過電腦編譜以表達對祖先的敬仰。將尋根修譜列入學校課程，在國外已有先例。希望未來此學問也可普及於我們的學校教育，讓孝道倫理觀念也能再度成為家庭生活中的一部分。

誠如本書作者的敘述，譜牒蘊藏非常豐富的史料，其資料可以提供其他相關學科的研究參考。例如：人類學、歷史學、方志學、民族學、民俗學、人口學、經濟學、宗教學，甚至生命科學，也可藉助族譜中有關家庭生卒年壽與疾病的記載，做為生命科學的研究素材。因此，閱畢該書，我才知道原來看似平凡的族譜文獻，竟還有這麼大的功用，足見珍惜保存各姓氏族譜文獻，也是保存文化資產的一項好方法。

過去先民遷移臺灣，因受限於財資能力而使家族史料保存不全。因此，個人要以一個圖書資訊工作者的立場，呼籲各地文化局圖書館及鄉鎮圖書館，都應加強重視蒐集地方文獻，推廣姓氏族譜的編輯與典藏，因為這類型資料是協助編輯地方志的重要素材。

本書以族譜文獻學為名，它算是傳統中國文獻學的一支，但對於建構譜牒學之研究尚屬起步而已。作者身懷瑰寶又孜孜矻矻於族譜研究工作，相信在他首創族譜文獻學之餘，也能夠再接再厲。期

盼他能早日完成另一部族譜學研究之專著，這才是真正延續本書「生命力」的最佳獻構。

從文學作品中尋找「圖書館」的意象描述

　　筆者係以現今在國內較知名的連鎖企業書店所陳列之圖書館文學作品書籍，試圖瞭解作家對於「圖書館」的意象描述，並將其意象整理介紹給所有讀者和館員。

壹、前言

　　根據調查顯示圖書館為民眾較常利用的服務項目為「圖書借閱」、「期刊、報紙閱覽」、「影片欣賞」。長期以往，許多讀者對於圖書館的意象（image）或觀念一直停留在傳統圖書館的借還書及閱報的地方，「圖書館」能有什麼想像，身邊朋友大部分對圖書館伴隨的的記憶就是聯考、K書、昏睡，殊不知現今的圖書館已不僅止於借還書、看報，它還提供有多樣化的功能。

　　近年來，臺灣的金石堂書局及誠品書局的書架上可能看到一些以「圖書館」為主題所撰寫的小說或圖書，這是過去甚少見到的事，吸引我這位圖書館從業人員的注意和翻閱，因為「圖書館類」的圖書，在市場上向來是冷門書，但近年來卻有多本以「圖書館」為主題所撰寫的文學類作品出版，讓身為圖書館館員的我感到受重視，

也讓我想瞭解並探究以「圖書館」為書名的文學圖書所描寫之內容，因而想瞭解圖書館在作家的筆下究竟是怎樣的世界呢？或作家如何將圖書館描述或型塑在其作品中。

本文所介紹的文學作品係以現今在國內較知名的連鎖企業書店，如金石堂書局、新學友書局、誠品書局或何嘉仁書店所陳列之書籍，其書名有「圖書館」之文學作品書籍為限，至於以圖書資訊為題的專業書籍則不在本文探討之範圍，筆者試圖透過這些書籍來瞭解作家對於「圖書館」的意象[1]描述，並將其意象介紹給所有讀者和館員。

貳、為自己編造圖書館的作家

好的文學作品會展現成熟的文學全貌，書的作者憑直覺也就曉得圖書館的重要性。圖書館形象的出現，自莎士比亞到約拿森・斯威夫特（Jonathan Swift）到安伯托・艾可（Umberto Eco）等作家的筆下都有精彩的刻畫。的確，圖書館是個太有召喚力量的背景，不約而同的成了許多作家筆下的場景；玄怪小說中若沒了陰森圖書館，會是怎麼樣？圖書館對於創作者的誘惑力之大，以至於他們不禁要為自己編造出一座圖書館。[2]

---

[1] 根據教育部國語辭點對於「意象」的定義係指在主觀意識中，被選擇而有秩序的組織起來的客觀現象。教育部國語辭典網路版（http://140.111.34.46/jdict/main/cover/main.htm）。

[2] 馬修・巴托斯著，尤傳莉譯，<u>圖書館的故事</u>，（臺北市：遠流，民 94）。

　　英國作家葛林說過：「早期閱讀的影響是極為深遠的，太多的未來都擺置在書架上。書籍帶給青少年的指引是超過任何宗教的教誨」；依此而言，擁有最多書架的圖書館想必是影響青少年未來的殿堂所在，作家乃是深有體悟。

　　泰莉‧麥米倫（Terry McMillan）是黑人女作家，二十五歲即出版了第一本小說，現在也是暢銷書作家之一。小時候，由於父母親是勞工階層，不曾帶領她進入閱讀的世界，好在當地的圖書館提供她許多容易親近的書籍，她回憶著說：「圖書館開啟我一個全新的世界……，青少年時期，我在家鄉公共圖書館的書架上看到許多神奇又有趣的書，我不曾忘記那種被書圍繞的感覺，那種感覺真好；那些書誘惑著我，也鼓勵著我從事創作生涯……。」

　　麥米倫現在也研究非洲裔的美國人，但她對部份這一代美國黑人的墮落感到憂心：「要使年輕的民眾脫離嗑藥、槍械、我們必須從書籍來教育民眾；我知道圖書館是可以扮演這個教育的角色的」因此，她對最近美國因為不景氣而導致圖書館關閉、縮減開放時間及裁減人員等現象深為擔心，怕許多青少年又少了一些可以啟發他們知識成長的地方了。[3]

　　綜而觀之，圖書館對於作家的影響甚大，不但能啟發他們寫作的新創意，並能影響他們筆下的題材，甚至會經常將終日為友的圖書館描述於作品中。

---

[3]　王岫，「作家的圖書館情結」，聯合報，民國 84 年 3 月 23 日第 42 版／讀書人專刊。

參、臺灣出版「圖書館」類文學作品介紹

臺灣出版界近年來出版不少以「圖書館」為主題的文學作品，例如：早期在BBS上連載的網路小說，後來集結成書的《圖書館少女夢》及《圖書館的女孩》；有翻譯自國外的書籍，如：胡安娜的《圖書館巴斯拉圖書館員》（The Librarian of Basra：A True Story from Iraq）、《圖書館裡的賊》（The Breaker in the Library）；有以圖書館歷史為背景所撰寫的作品，如《圖書館的故事》；有以導覽圖書館的方式介紹讀者去親近及利用的書，如《來去圖書館》；另外，以圖書館為背景所撰寫的青少年小說，如《圖書館管理員》、《圖書館的神》、《圖書館精靈》等，而且亦有以散文方式介紹世界各地的圖書館，如《愛上圖書館》。

為推薦讀者及圖書館員閱讀這些文學作品，筆者乃就近年來所出版的有關以圖書館為主題的文學作品加以整理，並分別介紹其情節概要、意涵或影響等，以提供大家參考（詳細參考書目請參見書目資料）。

一、《圖書館的女孩》

《圖書館的女孩》是國內第一本以圖書館為主題的愛情文藝小說，作者王蘭芬小姐係為新聞記者，本書是描寫臺北大學生的生活，全書係以一個大學男生作第一人稱書寫，描繪他在圖書館館員及初戀情人之間情感選擇變化的過程，書中對於每個人年輕時代大多遭遇過的環境、人物有細膩描寫。

本書教大家要體會平凡幸福的可貴，也描摹了面對生命本身的不完美故事，這是一個愛情領域的古老故事，細細品味，猶如重新走過國中到大學的這段青春歲月，值得一讀。

二、《來去圖書館》

這是一本精彩有趣的圖書館導覽書，透過詳盡、生動的插圖及簡潔的說明，將各種規模、類型的圖書館，一一展現在讀者眼前，儼然是一場圖書館之旅。原來圖書館不一定只有陸地上才有；而全世界最大的圖書館在哪裡？圖書館裡一定都是書嗎？e時代流行怎樣的圖書館呢？《來去圖書館》引領大家認識圖書館的百變分身，隨時為閱讀尋找最好的加油站！這是一本認識各種不同類型圖書館的好書，讓我們瞭解圖書館不是一個單純為借、還書及看書的地方。

三、《圖書館裡的賊》（The Breaker in the Library）

本書屬翻譯自外文書籍的偵探小說，作者認為英格蘭鄉村風味的豪華旅舍這麼有情調的地方，應該是要和心愛的人一起去的，羅登拔原本也是如此打算，但是他的情人卻一口回絕，因為再過幾天她就要結婚了。少了情人的心傷終究敵不過一本絕無僅有、由雷蒙·錢德勒親筆題辭獻給達許·漢密特的《大眠》，於是羅登拔一頭栽進命案現場。

最先是在旅舍的圖書館發現一位房客的屍體，接著外出求援的員工掉落溪谷……，遇害的人一個接一個，讓所有人都心驚膽顫！

267

這本書對於圖書館的情節描述並不多,只是純以圖書館為命案背景的偵探小說。

四、《圖書館精靈》

本書為國內臺南市協進國小英語教師林佑儒先生所撰寫的一本小說,適合國小高年級學生所閱讀。作者以新人之姿,突破了一般的寫作型式,在網路世界裡盡情做自己的圖書館精靈,但在現實生活中,卻是個為升學考試煩心的蘋凡。

本書大要為有一天蘋凡又到秘密基地——圖書館過夜,看見二年前因車禍身亡,卻在圖書館流連不去的靈魂京玲。她們結為好友,交換心愛的書籍與藏話盒子。蘋凡厭倦了目前的生活,決定將身體借給京玲再一次去體驗這個世界。蘋凡與母親之間因過度關心造成的誤解,還有京玲死後一直念念不忘的母親,她們能在互換身分時彼此幫助,彌補各自的遺憾,看到身邊的幸福?本書以巧妙的構思描繪了少年人的生活以及他們的成長,具有濃郁的少年生活氣息,表達了珍視關愛、珍視生命及生活的理念。

五、《圖書館管理員》

本書敘述一個平凡的圖書館管理員一段平凡的相遇,交織出豐富雋永的書香戀曲,他的人生經歷平凡得不值得一睬,從二流大學畢業,到現在一直在這個城市的圖書館就職——平淡到沒有什麼不能讓人知道的,只除了他是個同性戀這件事。

他注意那個每天在固定的時間來借還書的男孩子已經有一段時間了。一個美麗的意外，讓他終於能和這個早就知道名字的男孩相識。但現實畢竟和戲劇或小說裡不同——儘管他已經愛上了男孩、儘管男孩已經將他視作如家人一般的存在……，他還是不敢對男孩訴說心中那個唯一的秘密。

六、《圖書館的秘密》

本書屬兒童閱讀的繪本，祕密乃藉著一聲奇怪的聲音、一個奇怪的影子、一道奇怪的光線……，在這座圖書館裡呼之欲出。你要小心走，不要誤入了陷阱；你要細細分辨不要攪亂了線索，因為，你看見的其實不是你想的，你想的其實不是真的。作者童嘉將一個宛如警訓的寓言，以偵探小說的懸疑鋪陳，不僅為繪本加注了前所未有的情緒元素，也成功的展現了她說故事的才華。本書在諷刺不讀書的人類可能終於淪為被敘述者，相信讀者一定能在童嘉的作品裡，看到她的不一樣。

七、《巴斯拉圖書館員》（The Librarian of Basra：A True Story from Iraq）

這是一個美伊戰爭中感動百萬人的真實故事。愛利亞是一個圖書館員，她的圖書館在伊拉克的巴斯拉城中。十四年來，她的圖書館一直是愛書人聚集的地方。不幸戰爭爆發了，愛利亞很擔心圖書館和三萬本書會毀掉。終於，戰火在西元2003年4月6日延燒到巴斯

拉，靠著朋友和鄰居們的幫忙，愛利亞在圖書館被炸毀前，成功的搶救了館中七成的書。

由一個在飽受戰爭之苦國家中的女圖書館員，敘述她如何保護圖書館中的書，然而藉由這一則振奮人心，且不具黨派色彩和脅迫性的故事，可以向孩子們解釋戰爭所導致的影響。透過作者生動的描繪手法，讓孩子們深刻體驗故事中所包含的文化價值觀，也讓我們知道愛好文學、尊敬知識是無國界的，這是一本關於能重視書籍，視之為圖書館財寶的佳作。

八、《圖書館的神》

本書為文學小說，介紹女主角「清」剛從大學畢業，在一所靠海的高中當老師。她之所以當老師，是希望能成為排球社的教練。從小學到高三，清都一直沉迷於打排球，由於太過熱衷，對待旁人的標準也非常嚴苛。就在清擔任球隊隊長的高三夏天，有位隊員因為與她有關的不明原因自殺了，清從此認定自己不能將打排球這件事當作玩遊戲。正因不只是玩玩而已，她渴望成為球技精湛、絕頂出色的球員。

然而生活中，到學校教書的清，卻被指派擔任文藝社的指導老師。這件事對不太讀書的她來說，簡直無法接受。而在私生活方面，跟一個叫「淺見」的男人間的不倫之戀，也使她感到寂寞而煩躁不堪。意想不到的是，使她不如意的生活改觀的，竟是文藝社。透過和唯一的社員「垣內」之間的交流，清體會到了閱讀的樂趣，甚至漸漸改變了自己的生存之道，這是一部溫柔撫慰我們內在小創傷的傑作，也是懷念學校之不可思議處的趣味小說。

九、《圖書館的故事》

這是一本值得典藏及再三閱讀的好書，本書作者馬修‧巴托斯（Matthew Battles）是一位專精稀有書籍的學者，也是才華洋溢的作家，他帶領我們從經典古籍到中古世紀修道院、從梵蒂岡到英國圖書館、從社會主義者的書坊到現代資訊時代的家庭圖書室，歷經一趟精彩的知識與智慧的探密之旅。

從古老的美索不達米亞泥板到埃及幾層樓高的亞歷山卓圖書館，從中國的秦始皇焚書到希特勒的少年讀物，從巴格達偉大的中古世紀圖書館到現代波士尼亞國家圖書館裡面無數被毀的多元文化圖書，圖書館一直就是戰場，狂人與智者在此征戰，試圖主導書對我們的意義。這些戰爭讓我們看到圖書館兩個相互矛盾的本質：一方面，我們想要出版大量書籍，來讚頌最好的、最美的文字；另一方面，我們想控制住任何形式的人類知識。

這本書不僅是為圖書館科系的學生或圖書館員而寫，任何對於文化史有興趣的讀者，都可閱讀本書，本書並可作為回顧圖書與圖書館過去點點滴滴的艱苦和歷經的波浪，再重新思考圖書館未來的走向。

十、《愛上圖書館》

《愛上圖書館》是一本散文集，本書作者是曾為國內圖書館界服務三十年經驗，目前已退休的作家王岫先生所著，該書收錄近三、四年來發表在國內各大報刊上有關圖書館和與書有關的書人、書業

（出版社和書店）及閱讀方面等文章的合集，大抵是以比較輕鬆和散文似的筆調來介紹與書有關的機構、行業或人物等知識或訊息。曾擔任國家圖書館館長的師大名譽教授王振鵠先生便讚譽本書為一部伴你遨遊書海，滋潤心田的文集。

十一、《圖書館少女夢》

這是一本青少年網路小說，描述一個少女一直憧憬著能在圖書館中服務，遇見命中註定的那另一半，於是她考上圖書館成為館員，開始做起她的圖書館少女夢。只是真實與幻想的差距怎麼如此嚇人，進了圖書館，她才發現這個世界跟她所想像的根本就截然不同。至於她所憧憬的愛情，幾乎使得她就要放棄她的美好夢想了，想不到，身邊卻接二連三地冒出好男人，一個英俊瀟灑，一個個性敦厚與她無話不談，另一個見義勇為，儼然是霹靂遊俠李麥克的化身，老天爺還真是疼她啊！只是，面對這三個現代好男人，她究竟該如何抉擇？這本書所描述的是一位少女館員在圖書館發生戀情及與讀者互動的一切，是一部內容平實但讀之趣味盎然的愛情小說。

十二、《胡安娜的圖書館》

本書作者派特·莫拉（Pat Mora）因為非常仰慕詩人胡安娜·依奈斯修女，所以撰寫本書。胡安娜是十七世紀著名的墨西哥作家、詩人、婦女教育權擁護者、知識分子、劇作家、環境生態學家和智者，為了讀書，她住進阿姨位於墨西哥市的家，接受家教的教導，

隨後又被總督夫人召進皇宮當侍女，在皇宮裡的大圖書館中盡情閱讀，甚至後來成為修女以後，仍然不斷閱讀和寫作，她一心想擁有自己的圖書館，後來不僅達成夢想，在她私人的圖書館中甚至還有自己的著作呢！因此，此書在介紹胡安娜對於學習的渴望及對圖書館的夢想與實現，甚至她還以其著作能被典藏於千古流傳的圖書館為榮耀。

肆、臺灣出版文學作品中「圖書館」的意象描述

本文所蒐集的十二本圖書均為近年來（西元2000年至2006年間）在臺灣出版界所出版之「圖書館」文學類作品，其中有一半（六本）的作品雖為國外所撰述，但為臺灣所翻譯出版的作品，這些作品分別由不同職業領域的人所撰寫，包括圖書館員、新聞記者、老師及作家等；其書寫的文體或型式包括小說類、歷史類、散文類及繪圖本等；這些書分別有適合大人、青少年及兒童閱讀，不少作品還是曾得獎且值得推薦閱讀的好書。

由以上文學作品中，筆者發現少數作品雖以圖書館為題名來命名，但實際上探討的重點必非為圖書館，而是圖書館員的一般情節描述，例如《圖書館裡的賊》、《圖書館的女孩》及《圖書館管理員》等，而筆者翻閱這些圖書，試圖瞭解各作者對於圖書館的意象，除了《圖書館裡的賊》這本書以外，大多將圖書館以正面的描繪並創造出提供讀者揮灑想像之空間，筆者整理描述如下：

一、圖書館是個愛情而浪漫的地方。《圖書館少女夢》《圖書館的女孩》

二、圖書館是個文藝氣息濃厚的地方。《圖書館的女孩》

三、圖書館是重要著作的儲藏地。《胡安娜的圖書館》《圖書館的故事》

四、圖書館是個命案現場之地。《圖書館裡的賊》

五、圖書館是重視書籍為財寶的地方。《巴斯拉圖書館員》

六、圖書館裡有世界上所有智慧的紀錄。《圖書館的故事》

七、圖書館是個神秘之地。《圖書館的秘密》

八、圖書館是知識的殿堂。《愛上圖書館》

九、圖書館是個魔幻的世界，可以解決人類生活上的許多問題。《圖書館精靈》

十、圖書館是一個知識與智慧的交流之地。《圖書館的故事》

十一、圖書館是天堂的影像。《圖書館的故事》

十二、圖書館是戰場，狂人與智者在此征戰，試圖主導書對我們的意義。《圖書館的故事》

十三、圖書館是無限且循環著。《圖書館的故事》

十四、圖書館是百變分身的地方，並隨時為閱讀尋找最好的加油站。《來去圖書館》

伍、結語

　　圖書館的存在讓我們有取之不盡的寶藏，在知識尚被人尊重的時代中，圖書館是必要的。不管圖書館應該是學術殿堂或應是平易近人的場所，有空到住家附近的圖書館走走，都是明智的選擇。黛安妮・阿克曼（Diane AcKerman）身兼詩人、自然史及旅行作家，也經常為《紐約客》雜誌撰搞，更是圖書館的愛好者。她說她不曾見過她不喜歡的圖書館：「圖書館是我喜歡去的地方之一，在我旅行途中，我會花很多時間在各地圖書館，搜集寫作資料；我也喜歡在書架中漫遊，發現一些會讓我驚奇的事物。」[4]

　　以上介紹均為臺灣所出版的圖書館文學作品，透過作家以不同筆調撰寫成各種文體的作品，有導覽、小說、歷史、散文等，讓我們瞭解圖書館在作家的筆下不僅是一個典藏文化及知識的場所空間，它還是神聖的、幻想的、愛情的、神秘的、文藝的、陰森的及魔幻之地。

　　筆者認為讀者及館員應透過閱讀這些書籍，來認識作家筆下的「圖書館」，由這些描繪的意象讓讀者對於圖書館有更深一層的認知，也懂得如何更親近圖書館及愛惜這些智慧財產；館員更可藉此瞭解圖書館應該在讀者心目中形成怎麼樣的意象，並知道其在圖書館行業的重要性，努力為這個知識殿堂貢獻。

---

[4]　同註3。

書目資料　圖書館文學作品一覽表

1. 圖書館的女孩，王蘭芬著，紅色文化，2000年7月，ISBN 9574690695
2. 來去圖書館，茱麗‧康明編；周靈芝譯，遠流，2001年4月，ISBN 9573243245
3. 圖書館裡的賊，勞倫斯‧卜洛克著；王志弘譯，臉譜，2001年9月，ISBN 9574696359
4. 圖書館精靈，林佑儒著，九歌，2003年7月，ISBN 9574440532
5. 圖書館管理員，昨葉何草著，威向，2003年9月，ISBN 9867709349
6. 圖書館的秘密，童嘉著，遠流，2004年10月，ISBN 9573252791
7. 巴斯拉圖書館員，貞娜‧溫特著；郝廣才譯，格林文化，2005年10月，ISBN 9577457703
8. 圖書館的神，瀨尾麻衣子著；林佳蓉譯，高談，2005年5月，ISBN 9867542819
9. 圖書館的故事，Matthew Battles著；尤傳莉譯，遠流，2005年7月，ISBN 9573255677
10. 愛上圖書館，王岫著，九歌，2006年1月，ISBN 9574442861
11. 圖書館少女夢，布丁著，商周出版，2006年4月，ISBN 9861246339
12. 胡安娜的圖書館，派特‧莫拉著；劉清彥譯，天下雜誌，2006年3月，ISBN 9867158601

參考書目

一、專書

National Central Library, *Librarianship in Taiwan.* (Taipei: National Central Library, 2007)

Pauline Wilson, Stereotype and Status, *Librarians in the United States.* (Weston, Conn.: Greenwood Press, 1982).

Sontag, S., *On photography* (N. Y.: Anchor Books, 1977).

Malcolm Miles著，簡逸姍譯，<u>藝術‧空間‧城市──公共藝術與都市遠景</u>（臺北市：創興，民國91年）。

Matthew Battles著；尤傳莉譯，<u>圖書館的故事</u>（臺北市：遠流，民國94年7月）。

中國圖書館學會編，<u>臺灣地區的圖書館事業</u>（臺北市：國家圖書館，民國88年）。

中國圖書館學會研訂，<u>圖書館事業發展白皮書</u>（臺北市：中國圖書館學會，民國89年4月），頁31。

王世慶，<u>臺灣研究的機構資料</u>（臺北：美國亞洲學會臺灣研究小組，1976年）。

王希俊，吳漢詩合著，<u>海外同學會的功能與運作──邁向二十一世紀的思考及作法</u>，北美事務協調委員會駐洛杉磯辦事處文化組發行，1994年。

王岫，<u>愛上圖書館</u>（臺北市：九歌，民國95年）。

王岫，<u>迷戀圖書館</u>（臺北市：九歌，民國95年）。

王振鵠等，<u>圖書資料運用</u>（臺北：國立空中大學，民國81年）。

王錫璋，<u>圖書館的參考服務──理論與實務</u>（臺北市：文史哲，民國86年）。

277

王蘭芬著，圖書館的女孩（臺北市：紅色文化，民國89年）。

立法院圖書資料室編，立法報章資料索引（臺北市：編者）。

李澤厚、汝　信名譽主編，美學百科全書（北京市：社會科學文獻出版社，1990年）。

布丁著，圖書館少女夢（臺北市：商周出版，2006年4月）。

丘東江主編，新編圖書館情報學辭典（北京市：科學技術文獻出版社，2006年），頁609。

行政院文化建設委員會，八十七年公共藝術年鑑（臺北市：編者，民國87年）。

行政院文化建設委員會，八十八年公共藝術年鑑（臺北市：編者，民國88年）。

行政院文化建設委員會，八十九年公共藝術年鑑（臺北市：編者，民國89年）。

行政院文化建設委員會，九十年公共藝術年鑑（臺北市：編者，民國90年）。

行政院文化建設委員會，九十一年公共藝術年鑑（臺北市：編者，民國91年）。

行政院文化建設委員會，九十二年公共藝術年鑑（臺北市：編者，民國92年）。

行政院文化建設委員會，文化白皮書（臺北市：編者，民國87年）。

行政院文化建設委員會，公共藝術設置作業參考手冊（臺北市：編者，民國87年）。

吳襄王，怎樣留學America（臺北市：文經社，民國81年）。

沈寶環，圖書館讀者服務（臺北市：臺灣學生，民國85年）。

沈寶環等編著，圖書館學概論（臺北縣：國立空中大學，民國81年）。

林佑儒著，圖書館精靈（臺北市：九歌，2003年7月）。

邵婉卿，美國公共圖書館資訊轉介服務之研究（臺北市：漢美，民國81年）。

昨葉何草著，圖書館管理員（臺北縣：威向，民國92年9月）。

茱麗‧康明編；周靈芝譯，<u>來去圖書館</u>（臺北市：遠流，民國90年4月）。

馬修‧巴托斯著，尤傳莉譯，<u>圖書館的故事</u>（臺北市：遠流，民國94年）。

貞娜‧溫特著；郝廣才譯，<u>巴斯拉圖書館員</u>（臺北市：格林文化，民國94年10月）。

派特‧莫拉著；劉清彥譯，<u>胡安娜的圖書館</u>（臺北市：天下雜誌，民國95年3月）。

恰克馬丁著、林以舜譯，<u>E世代的七大趨勢</u>（臺北：希爾，民國89年）。

張淳淳，<u>工商圖書館</u>（臺北市：漢美，民國79年），頁31-38。

國立中央圖書館臺灣分館，<u>館藏與臺灣史研究論文發表研討會彙編</u>（臺北市：編者，民國83年），頁307-308。

國立政大社資中心編，<u>中文報紙論文分類索引</u>（臺北市：編者）。

國家圖書館，<u>中華民國九十年圖書館年鑑</u>（臺北市：國家圖書館，民國91年）。

國家圖書館，<u>中華民國九十五年圖書館年鑑</u>（臺北市：國家圖書館，民國95年）。

陳雪華著，<u>圖書館與網路資源</u>（臺北市：文華圖書，民國86年）。

曾淑賢，<u>兒童資訊需求、資訊素養及資訊尋求行為</u>（臺北市：文華圖書，民國90年）。

童嘉著，<u>圖書館的秘密</u>（臺北市：遠流，2004年10月）。

勞倫斯‧卜洛克著；王志弘譯，<u>圖書館裡的賊</u>（臺北市：臉譜，2001年9月）。

黃宗忠編著，<u>圖書館學導論</u>（武漢市：武漢大學出版社，2002年）。

黃健敏，<u>美國公共藝術</u>（臺北市：藝術家出版，民國81年）。

教育部編，<u>國際文化教育法規選輯</u>（臺北市：教育部，民國87年）。

廖又生，<u>圖書館組織與管理析論</u>（臺北市：天一，民國78年）。

廖慶六，<u>族譜文獻學</u>（臺北市：南天，民國92年）。

漢珍圖書縮影公司，<u>邁向電子圖書館</u>（臺北市：漢珍，民國86年）。

漢美出版社，<u>圖書館學與資訊科學大辭典</u>（臺北市：漢美，民國84年）。

趙俊邁，<u>媒介實務</u>（臺北市：三民書局，民國71年）。

墨刻出版社，<u>洛杉磯</u>（臺北市：墨刻出版）。

鄭恆雄，<u>中文參考資料</u>（臺北市：臺灣學生，民國77年）。

鄧敏，<u>基督教兒童教育</u>（臺北市：福音證主協會出版，民國77年）。

蔡文輝著，<u>家庭社會學</u>（臺北市：五南，民國76年）。

薛作雲，<u>圖書資料學</u>（臺北：文津出版社，民國68年）。

薛理桂，<u>中英圖書館事業比較研究</u>（臺北市：文華，民國82年）。

嚴文郁，<u>美國圖書館名人傳略</u>（臺北市：文史哲，民國87年）。

瀨尾麻衣子著；林佳蓉譯，<u>圖書館的神</u>（臺北市：高談，2005年5月）。

顧敏，<u>現代圖書館學探討</u>（臺北市：臺灣學生，民國77年）。

二、期刊論文

Allan Duckworth, "The librarian image," *New Library World* 76: 114-116.

Carolyn M. Myers, "Creating a shared high school and public library: Multnomah County Library and Parkrose High School" *Public Libraries* 38: 6 (1999): 355-6.

Daniel Greenstein and Leigh Watson Healy, "National Survey Documents Effects of Internet Use on Libraries," *Council on Library and Information Resources Issues* 27 (May/ June 2002).

Edward T. Sullivan, "Connect with success: a few tips for public library-school cooperation," *Journal of Youth Services in Libraries* 14: 3 (2001): 14.

H. S. White "Library managers—female and male," *Library Journal* 112: 2 (1987): 58-59.

James V. Carmichael, "The male librarian and the feminine image: a survey of stereotype, status, and gender perceptions," *Library and Information Science Research* 14: 4 (1992): 411-46.

James V. Carmichael,"Gender issues in the workplace: Male librarians tell their side," *American Libraries* 25: 3: 227-230.

Janis Dybdahl, "Internet use policy: some features to consider", *Colorado Libraries* 25: 1 (1999): 43-7.

Joanne E. Passet, "Men in a feminized profession: The male librarian, 1887-1921," *Libraries and Culture* 28: 4: 388.

Joy M. Greiner, "A comparative study of the career development patterns of male and female library administrators in large public libraries," *Library Trends* 34: 259-89.

Karen Hyman, "Internet policies: managing in the real world", *American Libraries* 28: 11 (1997): 60, 62-3.

Lancaster, F. Wilfrid, "Needs, Demands and Motivations in the Use of Sources of Information", 資訊傳播與圖書館學，1卷3期（民國84年3月），頁3-19。

Mary Agnes Casey, "School and public library partnership," *Catholic Library World* 71: 1 (2000): 36-8.

Megan M. Isely, "Taking the first steps toward Internet access at the Aurora Public Library", *Computers in Libraries* 17: 1 (Jan. 1997): 58-61.

Melissa Everett Nicefaro, "Internet use policies", *Online* 22: 5 (1998): 31-33.

Nic Pitman & Nick R. Roberts," Building relationships: forming partnerships between the school and public libraries," *The School Librarian* 50: 2 (2002): 69-70.

Renee J. Vaillancourt, Couch central: high school students' area at Carmel Clay Public Library," *School Library Journal* 44: 7 (1998): 41.

Rodger, E J; D'Elia, G; Jorgensen, C, "The public library and the Internet: is peaceful coexistence possible?," *American Libraries* 32: 5 (May 2001), pp.58-61.

Ronald Dale Karr, "Becoming a library director," *Library Journal* 108: 4 (1983): 343-346.

Ronald Beaudrie & Robert Grunfeld, "Male reference librarian and the gender factor," *The Reference Librarian* 33 (1991): 211-13.

White, H. S. "Library managers—female and male," *Library Journal* 112: 2 (1987): 58-59.

「E世代E服務公共圖書館線上共用資料庫」，社教雜誌，239期（87年6月），頁1-3。

卞鳳奎，「臺北市文獻委員會徵集老照片之途徑」，全國新書資訊月刊，第46期（民國91年10月），頁20-21。

于第、王秀惠，「技術學院餐旅類科學生資訊需求及資訊尋求行為之研究——以景文技術學院為例」，景文技術學院學報，第11期（下）（民國90年3月），頁1-13。

方碧玲，「國家圖書館「遠距圖書服務系統」使用經驗談」，書苑，49期（民國90年7月），頁81-85。

王愛理，「鄉鎮圖書館與中小學圖書館合作之我見——以臺中縣清水鎮為例」，書苑，32期（民國86年4月），頁48-50。

池興棠，「試談報紙信息源的開發與利用」，圖書館論壇，1994年，頁83。

宋建成，「加速普設鄉鎮圖書館的腳步」，社教資料雜誌，第120期（民國77年7月），頁2-3。

吳駿，「日本司書資格考試的新動向」，前沿，3期（2002年），頁88-89。

阮邵薇等，「現行文化中心人事制度的問題探討」，圖書館學刊（輔大），第16期（民國76年5月），頁54-63。

李再華，「論圖書館環境綠化裝飾」，河北科技圖苑，1997年第2期（總36），頁33。

林珊如，「建構支援臺灣研究的數位圖書館：使用者研究的啟示」，圖書資訊學刊，第14期（民國88年12月），頁33-48。

夏青，「人性化的圖書館室內裝飾」，圖書館建築，2003年第16卷第2期（總64），頁11-13。

陳芷瑛，「遠距圖書服務系統」，國立中央大學圖書館館訊，第26期，<http://www.lib.ncu.edu.tw/book/n26/26-8.html>

陳昭珍，「網路時代公共圖書館的資訊服務」，圖書館學與資訊科學，23卷1期（民國87年4月），頁20-32。

陳聰勝，「圖書館的線上參考服務經驗談」，書苑，第50期（民國90年10月），頁74-75。

陳家詡，「數位時代圖書館，創造閱讀新樂趣」，書香遠傳，第11期（民國93年4月），頁28-31。

陳麗鳳，「兒童資訊尋求技能與後設認知理論」，書苑，第45期（民89年7月），頁68-80。

陳瓊芬，「公共圖書館與學校的合作關係——以美國為例」，書苑，32期（民國86年4月），頁62-65。

陳添壽，「有待加強的臺灣公共圖書館事業」，圖書館學刊（輔大），第2期（民國62年6月），頁79-81。

陳道輝，「南京財大仙林圖書館裝飾設計的思考」，山東圖書館季刊，2004年第3期，頁110-112。

陳雪華、楊捷扉，「公共圖書館氛圍的塑造」，書香遠傳，第1期（民國92年6月），頁39-42。

張郁蔚，「美國公共圖書館與網路資訊過濾技術使用之初探」，國立中央圖書館臺灣分館館刊，8卷2期（民國91年6月），頁36-50。

張鼎鍾，「邁向新紀元的公共圖書館服務理念」，書苑，第41期（民國88年7月），頁3-9。

張煒，「淺論高校新建圖書館的布置裝飾問題」，高校圖書館工作，1998年第4期，頁45-48。

溫仁助，「從資訊與資訊需求的定義探討資訊需求和使用的研究方向」，大學圖書館，2卷3期（民87年7月），頁58-71。

項潔、洪筱盈，「臺灣機構典藏發展芻議」，教育資料與圖書館學，43卷2期（2005年12月），頁173-189。

曾淑賢，「兒童資訊需求、資訊素養及資訊尋求行為之研究」，中國圖書館學會會報，第66期（民國90年6月），頁19-45。

黃宇，「終身學習與公共圖書館」，社教雜誌，239期（民國87年6月），頁1-3。

黃育君，「青少年閱讀行為與公共圖書館服務探討：以雲林縣立文化中心圖書館閱覽室青少年民眾為例」，圖書與資訊學刊，第26期（民國87年8月），頁54-78。

黃海明，「淺談報紙在圖書館情報學研究中的利用」，圖書館論壇，1995年，頁65-67。

黃慕萱，「資訊檢索之五大基本概念探討」，圖書與資訊學刊，第19期（民國85年11月），頁7-21。

黃慕萱，「國小學生的資訊需求研究」，中國圖書館學會會報，第69期（民國91年）。

程良雄，「美國公共圖書館的經營管理」，書苑，30期（民國85年10月），頁1-10。

彭盛龍，「公共圖書館人員問題蠡探」，國立中央圖書館臺灣分館館訊，第10期（民國81年10月），頁13-16。

傅雅秀，「資訊尋求的理論與實證研究」，圖書與資訊學刊，第20期（民國86年2月），頁13-28。

顏光仁，「圖書館員的性別比例」，圖書館論壇，3期（1997年），頁46-48。

楊曉雯，「淺析資訊特性及民眾的資訊需求」，國立中央圖書館臺灣分館館訊，第16期，（民國83年4月），頁25-29。

楊曉雯，「由使用者層面看公共圖書館的青少年服務」，書苑，第32期（民國86年4月），頁17-28。

楊曉雯，「科學家資訊搜尋行為的探討」，圖書與資訊學刊，第25期（民國87年5月），頁24-43。

劉朱勝，「圖書館在美國教育改革中的角色」，圖書與資訊學刊，第46期（民國92年8月），頁28-35。

盧秀菊，「美國公共圖書館的組織」，臺北市立圖書館館訊，4卷4期，（民國76年6月），頁23。

薛理桂，「臺灣社會資訊需求分析」，中國圖書館學會會訊，第104期（民國86年3月），頁1-4。

魏定龍，「鄉鎮圖書館之昨日、今日、明日」，書香，第6期（民國79年9月），頁87-92。

盧秀菊，「我國臺灣地區公共圖書館行政組織體系之研究」，圖書館學刊（臺大）13期（民國87年12月），頁1-35。

釋大福，「地藏院般若圖書館空間規劃經驗談」，佛教圖書館館訊，第8期，85年12月。

謝金蓉，「莊展鵬與陳映真用老地圖老照片重現臺灣歷史」，新新聞周刊，506期（1996年11月17日），頁96-98。

魏章柱，「大陸高校掀起臺灣研究熱」，臺聲雜誌，2001年5月，頁30。

鄭麗敏，「人文學者搜尋資訊行為的研究」，教育資料與圖書館學，29卷4期（民國81年6月），頁388-410。

三、博碩士論文

Lynne Wolfe, "Cooperative Programs between Schools and Public Libraries in Ohio," M.L.S. Research Paper, Kent State University (1990): 35.

岳麗蘭，臺灣地區老年人資訊需求研究：以新竹市長青學苑為例（淡江大學教育資料科學學系碩士論文，民國83年）。

李逸文，資訊尋求行為研究：以實踐大學設計學院學生為例（淡江大學資訊與圖書館學系碩士論文，民國89年）。

李寶琳，臺北市國民小學高年級學童閱讀文化調查研究（國立臺北師範學院國民教育研究所碩士論文，民國89年）。

林詠如，金山中學高中部普通班學生資訊需求之研究（國立臺灣大學圖書資訊學研究所碩士論文，民國89年）。

徐芬春，臺灣地區公共圖書館轉介服務之研究與分析（淡江大學教育資料科學研究所碩士論文，民國84年）。

馮秋萍，臺灣地區國小五、六年級兒童課外閱讀行為研究：以國立政治大學附設實驗學校為例（淡江大學教育資料科學學系研究所碩士論文，民國87年）。

陳文增，老人使用鄉鎮圖書館的情形及態度調查研究：以臺北縣林口鄉圖書館為例（私立輔仁大學圖書資訊學研究所碩士論文，民國87年）。

陳玉棠，桃園縣立國民中學學生資訊需求研究（國立臺灣師範大學社會教育學系在職進修碩士論文，民國91年）。

陳旭耀，臺灣地區圖書資訊學碩士論文及其引用文獻之研究（輔仁大學圖書資訊學碩士論文，民國86年）。

陳春蘭，成人之資訊需求、資訊尋求行為與其運用公共圖書館之調查研究（國立高雄師範大學成人教育研究所碩士論文，民國87年）。

陳俊雄，日據時期的臺灣寫真發展，輔仁大學大眾傳播研究所碩士論文（民國84年）。

陳雪菱，國高中生網路資訊尋求行為影響因素之研究——以臺北市為例（元智大學資訊傳播學系碩士論文，民國91年）。

陳嘉儀，國小高年級學生資訊需求之研究——以國語實小和北新國小為例（國立臺灣大學圖書資訊學研究所碩士論文，民國89年）。

陳蓉蓉，公共圖書館網路使用規範，（國立中興大學圖書資訊學研究所碩士論文，民國92年）。

陶惠芬，專科學校圖書館員工作價值觀與工作滿意度相關因素之研究，（淡江大學教育資料科學研究所碩士論文，民國88年）。

傅雅秀，從科學傳播的觀點探討中央研究院生命科學專家的資訊尋求行為（國立臺灣大學圖書館學研究所博士論文，民國85年）。

林詠如，金山中學高中部普通班學生資訊需求之研究（國立臺灣大學圖書資訊學研究所碩士論文，民國89年）。

張惠真，臺灣地區鄉鎮圖書館行政體制之研究，（國立政治大學圖書資訊研究所碩士論文，民國90年）。

賴寶棗，研究生資訊蒐尋行為：以淡江大學研究生為例（淡江大學教育資料科學學系碩士論文，民國88年）。

葉乃靜，資訊與老年人的生活世界：以「臺北市兆如老人安養護中心」為例（國立臺灣大學圖書資訊學研究所博士論文，民國92年）。

四、研究計畫及報告

高淑貴，男女兩性職業選擇之比較研究，行政院國科會研究計劃，民國74年。

胡歐蘭研究主持，「我國圖書資訊人力資源現況之調查研究（I）（II）」，（行政院國家科學委員會專題研究計畫成果報告，計畫編號NSC83-0301-H-004-102-M2，NSC84-2413-H-004-011-M2，國立政治大學圖書資訊學研究所，民國87年），頁147。

程良雄、劉水抱、施玲玲、陳鴻霞，臺灣地區公立公共圖書館開放時間與工作時間之調查研究（臺中市：臺灣省立臺中圖書館，民國85年）。

張素娟，我國大學圖書館女性館員工作類型之研究（臺北市：漢美，民國80年）。

胡歐蘭研究主持，我國圖書資訊人力資源現況之調查研究（Ⅰ）（Ⅱ），國科會研究計畫（臺北市：國立政治大學圖書資訊學研究所，民87）。

教育部所屬國立中央圖書館臺灣分館遷建工程公共藝術徵選結果報告書，（臺北縣：國立中央圖書館臺灣分館，民國94年4月15日）（未出版）。

國立中央圖書館臺灣分館遷建工程公共藝術設置計畫書，（臺北市：國立中央圖書館臺灣分館，民國93年10月30日）（未出版）。

國立中央圖書館臺灣分館編印，臺灣文獻資料合作發展研討會──各單位館藏報告彙編，民國79年（未出版）。

雷淑雲等著，臺閩地區圖書館現況調查研究（臺北市：國立中央圖書館，民國71年）。

廖又生主持，臺灣地區公共圖書館經營管理現況調查研究（二）（臺北市：國立中央圖書館臺灣分館，民國86年6月），頁98-101。

盧秀菊，「我國臺灣地區公共圖書館行政組織體系之研究」，（行政院國家科學委員會專題研究計畫成果報告，計畫編號：NSC87-2413-H-002-031，國立臺灣大學圖書館學系，民國87年），頁40。

五、會議論文集

Ann E. Kelver, "Public School-Public Library Cooperation in Sheridan, Colorado," *American Library Association Annual Conference* 94 (1975): 9.

Enujioke, Georgia. "Use of Public Libraries by Middle and High School Students in DeKalb County, Georgia." An Educational Specialist in Library Media Technology Scholarly Paper, Georgia State University.

六、報紙文章

王岫,「作家的圖書館情結」,<u>聯合報</u>,民國84年3月23日第42版/讀書人專刊。

江昭青,「圖書館資源共享,五大學聯盟」,<u>中國時報</u>,民國87年1月14日,19版。

江昭青,「臺灣研究,大學系所新潮流」,<u>中國時報</u>,民國91年11月9日,第13版。

李漢昌,「都市更新向洛杉磯取經」,<u>聯合報</u>,民國82年1月8日第15版/都會掃描。

徐尚禮,「臺灣研究已成大陸顯學」<u>中國時報</u>,民國89年12月4日,第13版。

常聖傳、宮仲毅報導,「全國唯一外文圖書館佈置像森林」,民視新聞2004年11月11日。

陳洛薇,「本土化,校院增設臺灣研究系所」,<u>中央日報</u>,民國90年10月16日,第14版。

陳康宜,「學子抨教改:我們不是考試機器」,<u>中央日報</u>,民國92年8月2日,第14版。

張錦弘,「七成五家長:孩子壓力增加,教改十年,減壓失敗,七成家長的孩子有補習」,<u>聯合報</u>,民國92年9月13日,第B8版。

「北京清大設臺灣研究所重點為臺灣經濟、兩岸產業交流合作」,<u>中央日報</u>,民國89年10月26日,第6版。

曾秀英,「查詢資料,文化中心服務到家」,<u>中國時報</u>,民國87年8月6
　　日,20版。

黃健敏,「文學故事之4　童趣的圍牆」,<u>聯合報</u>,民國89年3月1日37
　　版/聯合副刊。

黃怡真,「七校圖書資源互通有無」,<u>中國時報</u>,民國87年11月2日,
　　20版。

蔡源煌,「談臺灣研究的必要性」,<u>聯合報</u>,民國84年7月3日,第37版。

鍾蓮芳,「臺灣族譜資訊網,上網尋根一指靈」,<u>民生報</u>,民國92年7
　　月25日,第A3版。

七、網路資源

American Library Association, "Checklist for Creating an Internet Use Policy,"
　　<http://www.ala.org/Content/NavigationMenu/Our_Association/Offices/I
　　ntellectual_Freedom3/Intellectual_Freedom_Toolkits/Libraries_and_the_I
　　nternet_Toolkit/Checklist_for_Creating_an_Internet_Use_Policy.htm>.

American Library Association, "Libraries and the Internet Toolkit: Checklist
　　for Creating an Internet Use Policy", <http://www.ala.org/ala/oif/
　　iftoolkits/litoolkit/2003internettoolkit.pdf>

American Library Association, "Guidelines and Considerations for Developing
　　a Public Library Internet Use Policy," <www.ala.org/oif/iftoolkits/
　　privacy/guidelines> (Issued June 1998; rev. Nov.2000).

American Library Association, "Public Librarianship-It's More Than You
　　Think,"<http://www.pla.org/projects/recruitment.html>。

"Art & Architecture in Central Library", <http://www.lapl.org/central/art_
　　architecture.html>

Chartered Institute of Library and Information Professionals, "Qualifications-Your Seal of Approval," <http://www.cilip.org.uk/qualifications/qualif.html>。

Chicago Public Library, "Guidelines for Chicago Public Library Computer Use," <http://www.chipublib.org/003cpl/computer/guidelines.html>.

Los Angeles Public Library, "Internet and Computer Workstation Use Guidelines," <http://www.lapl.org/inet/IPolicy.html>.

New York Public Library, "The New York Public Library Policy on Public Use of the Internet," <http://www.nypl.org/admin/pro/pubuse.html>.

毛慶禎譯，「聯合國教科文組織公共圖書館宣言 1994」〈http://www.lins.fju.edu.tw/mao/pl/uplm1994.htm〉（2007.10.1）

行政院文化建設委員會公共藝術網站，<http://publicart.cca.gov.tw/home.php>

余漢儀，「陪他走過風雨青春──青少年發展與偏差行為預防」，<http://he.cycu.edu.tw/life/Desert/980903/003.htm>。

張雅雯，「美國首宗圖書館上網電腦過濾案宣判違憲」，<http://stlc.iii.org.tw/publish/infolaw/8802/32ea.htm>。

教育部國民中小學九年一貫課程與教學網，<http://teach.eje.edu.tw/>。

教育部國語辭典網路版（http://140.111.34.46/jdict/main/cover/main.htm）。

教育部國際文教處網站，<http://www.edu.tw/EDU_WEB/Web/BICER/index.php>

國立臺灣大學多媒體服務中心介紹，<http://cv.lib.ntu.edu.tw/guide>。

臺灣大事紀資料庫，<http://www.tbmc.com.tw/database1.htm>

臺灣人物誌簡介，<http://dblink.ncl.edu.tw/db_introduce/DB188.doc>

臺灣日誌資料庫，<http ://tbmc.infolinker.com.tw/twchrapp/start.htm>

臺灣方志資料庫，<http://www.sinica.edu.tw/ftms-bin/ftmsw3?ukey=1005944883&path=/1.1>。

臺灣文獻叢刊資料庫，<http://metadata.ntl.gov.tw/ttsweb/twn/data.htm>

臺灣文獻期刊論文索引，<http://192.192.13.178/cgi-bin/gs/jgsweb.cgi?o=djtidx>。

臺灣文獻資料聯合目錄索引，<http://192.192.13.178/cgi-bin/gs/ugsweb.cgi?o=dunidir>

臺灣古地圖舊地名考釋，<http://twstudy.iis.sinica.edu.tw/oldmapl>

臺灣地區地名查詢系統建置計畫，<http://gis210.sinica.edu.tw/placename/intro/brief.htm>

臺灣老照片數位博物館計畫，<http://www.sinica.edu.tw/photo/intro/index.html>

臺灣研究資源，<http://www.lib.ntu.edu.tw/spe/taiwan/taiwan.html>

《臺灣時報》資料庫，<http://dblink.ncl.edu.tw/db_introduce/DB117.htm>

臺灣記憶系統網站，<http://memory.ncl.edu.tw/tm/index_tw.jsp>

臺灣資料剪報系統，<http://192.192.13.178/cgi-bin/gs/pgsweb.cgi?o=dclip>

臺灣檔案資料庫，<http://www.sinica.edu.tw/ftms-bin/new/ ftmsw3?tdb=>

歷史照片資料庫，<http://www.airiti.com/demo/demo_history.htm>

戰後臺灣歷史年表資料庫，<http://twstudy.iis.sinica.edu.tw/twht/>

鍾志明，「互動式閱讀，圖書館也架部落格」（2006年8月27日22: 11）
　　<http://www.ettoday.com/2006/08/27/11381-1982506.htm >

八、法規

日本圖書館協會，「圖書館法」，<http://wwwsoc.nii.ac.jp/jla/law.htm>。

立法院法律系統，<http://lis.ly.gov.tw/lgcgi/lglaw>

國家圖書館出版品預行編目

公共圖書館事業與利用 / 黃國正著. -- 一版.
-- 臺北市：秀威資訊科技, 民 96
面 ；　公分. -- (社會科學；AF0068)

ISBN 978-986-6732-19-5(平裝)

1. 公共圖書館　2. 圖書館管理　3. 圖書館利
用教育

026　　　　　　　　　　　　　96018500

社會科學類　AF0068

公共圖書館事業與利用

作　　者 / 黃國正
發 行 人 / 宋政坤
執行編輯 / 賴敬暉
圖文排版 / 林欣儀
封面設計 / 林世峰
數位轉譯 / 徐真玉　沈裕閔
圖書銷售 / 林怡君
法律顧問 / 毛國樑　律師
出版印製 / 秀威資訊科技股份有限公司
　　　　　台北市內湖區瑞光路 583 巷 25 號 1 樓
　　　　　電話：02-2657-9211　　　傳真：02-2657-9106
　　　　　E-mail：service@showwe.com.tw
經 銷 商 / 紅螞蟻圖書有限公司
　　　　　台北市內湖區舊宗路二段 121 巷 28、32 號 4 樓
　　　　　電話：02-2795-3656　　　傳真：02-2795-4100
　　　　　http://www.e-redant.com

2007 年 10 月 BOD 一版
定價：350 元

讀 者 回 函 卡

感謝您購買本書，為提升服務品質，煩請填寫以下問卷，收到您的寶貴意見後，我們會仔細收藏記錄並回贈紀念品，謝謝！

1. 您購買的書名：＿＿＿＿＿＿＿＿＿＿＿＿＿＿＿＿＿＿

2. 您從何得知本書的消息？

　　□網路書店　　□部落格　　□資料庫搜尋　　□書訊　　□電子報　　□書店

　　□平面媒體　　□ 朋友推薦　　□網站推薦 □其他＿＿＿＿＿＿

3. 您對本書的評價：(請填代號　1.非常滿意 2.滿意 3.尚可 4.再改進)

　　封面設計＿＿　版面編排＿＿　　內容＿＿　　文/譯筆＿＿　　價格＿＿

4. 讀完書後您覺得：

　　□很有收獲　　□有收獲　　□收獲不多　　□沒收獲

5. 您會推薦本書給朋友嗎？

　　□會　　□不會，為什麼？＿＿＿＿＿＿＿＿＿＿＿＿＿＿＿＿＿

6. 其他寶貴的意見：＿＿＿＿＿＿＿＿＿＿＿＿＿＿＿＿＿＿

＿＿＿＿＿＿＿＿＿＿＿＿＿＿＿＿＿＿＿＿＿＿＿＿＿＿＿＿＿

＿＿＿＿＿＿＿＿＿＿＿＿＿＿＿＿＿＿＿＿＿＿＿＿＿＿＿＿＿

＿＿＿＿＿＿＿＿＿＿＿＿＿＿＿＿＿＿＿＿＿＿＿＿＿＿＿＿＿

讀者基本資料

姓名：＿＿＿＿＿＿＿＿＿＿　年齡：＿＿＿＿　性別：□女 □男

聯絡電話：＿＿＿＿＿＿＿＿　E-mail：＿＿＿＿＿＿＿＿＿＿

地址：＿＿＿＿＿＿＿＿＿＿＿＿＿＿＿＿＿＿＿＿＿＿＿＿＿＿

學歷：□高中(含)以下　　□高中　　□專科學校　　□大學

　　　□研究所(含)以上 □其他＿＿＿＿＿＿＿

職業：□製造業 □金融業 □資訊業 □軍警 □傳播業 □自由業

　　　□服務業 □公務員 □教職　　□學生 □其他＿＿＿＿＿＿

To：114

台北市內湖區瑞光路 583 巷 25 號 1 樓

秀威資訊科技股份有限公司　　　收

寄件人姓名：

寄件人地址：□□□

秀威與 BOD

BOD（Books On Demand）是數位出版的大趨勢，秀威資訊率先運用 POD 數位印刷設備來生產書籍，並提供作者全程數位出版服務，致使書籍產銷零庫存，知識傳承不絕版，目前已開闢以下書系：

一、BOD 學術著作—專業論述的閱讀延伸
二、BOD 個人著作—分享生命的心路歷程
三、BOD 旅遊著作—個人深度旅遊文學創作
四、BOD 大陸學者—大陸專業學者學術出版
五、POD 獨家經銷—數位產製的代發行書籍

BOD 秀威網路書店：www.showwe.com.tw
政府出版品網路書店：www.govbooks.com.tw

永不絕版的故事‧自己寫‧永不休止的音符‧自己唱